중국차황제열전

BeauTEAful Kingdom

중국차황제열전_BeauTEAful Kingdom

발 행 | 2020년 4월 27일
저 자 | 이영희
펴낸이 | 한건희
펴낸곳 | 주식회사 부크크
출판사등록 | 2014.07.15.(제2014-16호)
주 소 | 서울특별시 금천구 가산디지털1로 119 SK트윈타워 A동 305호
전 화 | 1670-8316
이메일 | info@bookk.co.kr

ISBN | 979-11-372-0507-9

www.bookk.co.kr

중국차황제열전

BeauTEAful Kingdom

글,그림_이영희

다회일정표

초대장　6

작가 소개　7

한 잔　염제 신농의 차　8
　　　　사람의 몸, 소의 머리 | 염제 신농과 차 |
　　　　차의 분류

두 잔　측천무후의 차　14
　　　　전무후무 | 황후로 생을 마감한 황제 |
　　　　측천무후와 차 | 녹차

세 잔　당 현종의 차　23
　　　　황제의 사랑과 불륜 | 현종과 차 | 황차

네 잔　송 휘종의 차　31
　　　　풍류천자 | 휘종과 차 | 백차

다섯 잔　원 쿠빌라이 칸의 차　40
　　　　신비한 나라의 위대한 황제 | 쿠빌라이와 차 |
　　　　무이암차 | 오룡차

다회일정표

여섯 잔   명 주원장의 차   50
황제의 이름 | 황제의 감시와 믿음 |
주원장과 차

일곱 잔   청 강희제의 차   58
가장 위대한 황제 | 황제의 롤 모델 |
강희제와 차

여덟 잔   청 옹정제의 차   65
밀지 한 쌍 | 옹정제와 차 |
보이차 | 보이차와 흑차 | 차나무 |
오래된 차나무

아홉 잔   청 도광제의 차   78
황제의 길 | Red & Black |
Black & Red | 홍차

열 잔   청 광서제의 차   87
옆으로 | 마지막 | 광서제와 차 |
대만오룡

초 대 장

이 책은

황제의 삶과 그들이 사랑했던 차에 관한 이야기입니다.

동명의 강의 중에서 가볍게 읽을 수 있는 내용으로 꾸몄습니다.

코로나19의 확산방지를 위해 사회적 거리두기에 적극 노력+동참하신

모든 다우^{茶友}님들께 고강도로 바칩니다.

부족한 점은 다우님들께서 거리두기 없이 이해해주시길 바랍니다.

차 앞에 황제가 사랑했다는 스펙이 붙어있지만

차는 스펙이 없어도 그 자체로 사랑 받았을 것이라는 생각에서 출발했습니다.

무이구곡을 유랑하는 주자에게 그리고 빌딩구곡을 살아내는 우리들에게

차 한 잔은 차별 없는 낙원을 선사할 것입니다.

잠시 행복을 느낄 순간이 있다면 멈춰 서도 좋은 낙원입니다.

일상으로서의 가치, 그 자체로 충분한 낙원입니다.

DNA를 골고루 물려주신 부모님께 감사드립니다.

2인1조의 조원이 되어 맡은바 역할을 다하는 동생에게도 감사합니다.

차와 함께 하는 아름다운 삶.

beauTeaful

2020년 4월,

코로나19 때문에 프리랜서에서 그냥 프리가 된 여러분의 다우가 씁니다.

성향

차 우리는 스타일 | 간편형
차 마시는 스타일 | 편안함

취향

가장 좋아하는 차 | ASSAM
육대다류 선호도 | 홍차＞오룡차≧녹차≒흑차≒백차＞황차
연간 소비량 | 홍차＞흑차(보이생차＞숙차)≧오룡차＞백차＞녹차＞황차
선호하는 맛 | 단맛, 고소한 맛, 쌉쓰름한 맛, 떫은맛 등이 골고루 있는 것
선호하는 향 | 청향＞농향, 꽃향＞풀향, 신선한 향＞묵은 향
특별하게 즐기는 차 | 한 겨울, 비온 뒤, 창문 열고, 철관음(청향) 마시기
인내심이 필요한 맛과 향 | 계피＞우유＞허브＞한약

참고사항

편식
호불호 명확
대체적으로 다 잘 마심
여름엔 아이스 아메리카노

2020년 4월 기준입니다.
다우님이 주시는 차는 감사히 마십니다.

몇 개 빼고......

이영희 | 부산대학교 대학원 예술·문화와영상매체협동과정 박사과정 수료
원광대학교 동양학대학원 예문화와다도학 전공 문학석사

한 잔_ 염제 신농의 차

사람의 몸, 소의 머리

염제^{炎帝} 신농^{神農}의 모습입니다.

신농의 어머니가 신령스러운 용과 교감하여 그를 낳았습니다. 섬서성^{陜西省}의 강수^{姜水} 부근에서 태어난 신농은 태어난 지 3일 만에 말을 하고, 5일 만에 걸었으며, 키가 무려 3미터에 이르도록 성장합니다. 훗날 복희^{伏羲}와 여와^{女媧}의 뒤를 이어 황제의 자리에 오릅니다. 문헌마다 차이는 있지만 복희, 여와, 신농을 일컬어 삼황^{三皇}이라고 합니다.

복희^{伏羲}는 문화를 창조한 신입니다. 복희의 어머니가 대인의 발자국을 밟은 뒤 그를 수태했다고 합니다. 그는 감숙성^{甘肅省}에서 태어났으며, 사람들에게 수렵과 어로를 가르쳤습니다. 그리고 여와[☆]^媧는 인류를 창조한 신이자 복희의 아내입니다. 이미 세상에 존재해있던 여와는 쓸쓸함을 없애려고 인간을 만듭니다. 처음에는 진흙을 하나씩 정성껏 빚어가며 만들다가 나중에는 진흙을 땅에 흩뿌리는 방식으로 인간을 만듭니다. 여와가 공들여 만든 인간은 선한 성품을 가지고 부자로 살며, 여기 저기 흩뿌려서 만든 인간은 악한 성품에 궁핍한 삶을 살게 되어 신분의 차이가 생겼다고 합니다. 속도가 느리고 힘이 들더라도 초심을 잃지 않고 정성을 다해 만들었다면 어땠을까 생각해봅니다.

복희와 여와는 상반신은 사람, 하반신은 뱀의 모습을 하고 있습니다. 그들이 그려진 그림을 보면 하반신이 꽈배기처럼 꼬여있습니다. 그 이유는 명확하지 않지만 인연은 맺기도 풀기도 힘들다는 것을 보여주는 것 같습니다. 결혼생활이 힘들더라도 인연을 단번  에 끊어내지 말고 서로 노력을 해보라는 의미일지도 모르겠습니다.

마지막으로 신농은 이름 그대로 농사의 신입니다. 사람들에게 오곡 심는 법을 가르쳤고, 호미와 농기구를 만들어 사용법을 알려주었습니다. 뿐만 아니라 어둠이 사람들에게 주는 불편함을 없애고자 나무에 불을 붙여 세상을 밝혔습니다. 그가 불을 관장하는 관직을 만들었기 때문에 염제^炎^帝라고 불립니다.

염제 신농과 차

사람의 몸에 소의 머리를 하고 있거나 소처럼 뿔이 나있는 신농은 초상화 속에서 손에 든 풀을 입으로 씹고 있습니다. 신농은 농사의 신이기도 하지만 중국 의학의 기초를 마련한 신입니다. 그는 초목을 하나씩 하나씩 직접 먹어보고 그 효과를 탐구했습니다. 자신에게 임상실험 한 약초를 혼합하여 300종 이상의 약을 개발하여 기록한 책이 『신농본초神農本草』입니다. 이 책은 현존하지 않지만, 훗날 도홍경陶弘景이 계승하여 『신농본초경神農本草經』으로 집대성합니다.

신농은 하루에 70여 종 이상의 초목을 맛보았습니다. 그 중에는 약초도 있고 독초도 있었을 것입니다. 하루는 독초를 맛본 뒤 중독되었는데 우연히 찻잎을 먹고 해독했다고 합니다. 이렇게 발견된 차의 이로움이 고맙게도 현재까지 이어지고 있습니다. 그래서 차의 기원에 대해 이야기 할 때는 전설의 황제 신농의 시대까지 거슬러 올라갑니다. 다신茶神으로 추앙받는 육우陸羽도 『다경茶經』에 신농의 이야기를 전하고 있습니다.

인류는 오랫동안 차를 마셔왔습니다. 맛도 좋지만 이로운 효능도 많습니다. 차는 약용으로 시작하여 식용 그리고 기호식품으로 변화와 발전을 거치면서 인류의 삶 속에 깊이 자리하고 있습니다. 자신의 기호에 따라 다양한 차를 선택할 수 있고, 그것을 마시면서 몸과 마음의 목마름을 해소하고, 게다가 건강에 이롭기까지 하니 감사할 따름입니다.

차의 분류

'밥 한번 먹어요!'보다 조금 가벼운 '차 한 잔 해요!'라고 말할 때의 '차'는 주류를 제외한 음료를 통칭하는 경우가 많습니다. 만나서 커피를 주문하든 허브티를 주문하든 생과일 음료를 주문하든 그것은 차후의 문제입니다. 일단 차 한 잔을 함께 마시며 시간을 공유하는 것이 중요하니까요. 어중간한 사이에 무언가를 함께 하는 것보다 혼밥, 혼술, 혼차가 훨씬 편한 시대에 반가운 마음으로 누군가와 함께 할 수 있다는 것은 참 아름다운 일입니다.

여러분은 무슨 차를 주문하시겠습니까? 메뉴에 있는 청귤차, 국화차, 루이보스티, 등 대체로 물에 우려서 마시는 음료를 '무슨 무슨 차'라고 합니다. 그러나 학술적으로 '차'를 정의하면 '차나무의 잎'으로 만든 것을 말합니다. 차나무의 잎으로 녹차도 만들고 홍차도 만들고 보이차도 만듭니다. 그런데 하동이나 보성의 다원을 흔히 녹차밭이라고 하는 것은 녹차를 주력상품으로 만들어 판매하고 홍보하기 때문입니다. 실제로는 녹차 외에도 잭살, 고뿔차 등 다양한 발효차를 생산하고 있습니다.

차를 분류하는 방법에는 여러 가지가 있지만 일반적으로 사용되는 것이 육대다류^{六大茶類} 분류법입니다. 제다과정에 근거하여 녹차^{綠茶}, 백차^{白茶}, 황차^{黃茶}, 청차^{靑茶}(오룡차^{烏龍茶}), 홍차^{紅茶}, 흑차^{黑茶}로 분류합니다. 녹차에서 흑차로 갈수록 산화^{酸化} 또는 발효^{醱酵}도가 높아집니다. 찻잎 속 산화효소에 의한 산화와 미생물에 의한 발효는 제다과정 중에 찻잎의 성분이 변하는 주요 요인입니다.

홍차를 발효차 또는 산화차라고 합니다. 홍차는 산화효소에 의해 찻잎의 성분이 변하지만 오랫동안 발효차로 불렸습니다. 영국이 홍차를 생산하고자 중국의 제다비법을 연구할 당시에는 미생물의 활동 때문에 찻잎이 점점 갈색으로 변한다고 생각했기 때문입니다. 그들은 찻잎 속 산화효소에 의해 성분이 변한다는 것을 몰랐습니다. 이후 연구를 통해 산화효소에 의한 변화와 미생물에 의한 변화가 구별되었습니다.

산화 또는 발효에 의해 찻잎 속의 성분이 변하면서 다양한 차가 만들어집니다. 그 덕에 차의 종류는 어마어마하게 많습니다. 광동성^{廣東省}에서 생산되는 봉황단총^{鳳凰單叢}은 개발된 향기의 개수만 백여 가지에 이릅니다. 찻잎을 씹어 먹고 독을 해독한 신농은 오늘날처럼 다양한 차의 세계를 짐작이나 했을까요?

농사의 신이자 중국 의학의 창시자인 신농도 영원불멸의 삶을 살지는 못했습니다. 그날도 신농은 여러 가지 풀을 맛보며 효능을 연구했습니다. 배가 투명하여 오장육부가 다 보였다는 신농은 자그

마한 노란 꽃이 피어있는 식물을 맛보았습니다. 먹자마자 창자가 썩어가는 것을 눈으로 보며 찻잎을 먹었지만 해독하지 못했습니다. 신농은 그렇게 생을 마감합니다. 사람들은 그 식물에게 단장초^{斷腸}^草라는 이름을 붙였습니다.

두 잔_ **측천무후의 차**

전무후무

중국의 유일한 여황제입니다.

측천무후^{則天武后}(690-705년 재위)는 당^唐 태종^{太宗} 이세민^{李世民}의 후궁으로 궁궐 생활을 시작했고, 태종의 아들인 고종^{高宗}의 황후가 되었습니다. 고종의 뒤를 이어 차례대로 황위에 오른 중종^{中宗}과 예종^{睿宗}의 모후였던 그녀는 스스로의 힘으로 황제가 되었습니다.

산서성^{山西省} 출신인 측천무후의 본명은 무조^{武曌}입니다. 그녀의 아버지 무사확^{武士彠}은 목재상이었고 어머니는 수나라의 황족 출신 이었습니다. 무사확의 둘째딸로 태어난 측천무후는 14세에 태종의 눈에 들어 궁중생활을 하게 되었습니다. 태종으로부터 '미^媚'라는 이름을 하사받아 미랑^{媚娘}이라 불리게 됩니다. 우리에게 익숙한 측천무후는 고종의 황후로서의 지위를 나타냅니다.

그녀의 시아버지인 당 고조^{高祖} 이연^{李淵}은 선비족 계통의 무장이었습니다. 그는 지방관으로서 공을 세우며 수^隋 문제^{文帝} 양견^{楊堅}의 신임을 받았지만 세간에 '양씨를 대신하는 것은 이씨, 나무 밑의 사람이 황제가 된다'는 말이 퍼지면서 신변에 위협을 느낍니다. 결국 이연은 617년에 군사를 일으켜 수도 장안^{長安}을 점령합니다. 618년에 수 양제^{煬帝} 양광^{楊廣}이 살해당하자 스스로 황위에 올라 당을 세웁니다. 그간 쌓아둔 부를 바탕으로 이연을 도운 측천무후의 아버지는 당의 개국공신이 됩니다.

측천무후의 첫 번째 남편인 태종 이세민은 고조의 둘째 아들입니다. 당을 건국하는데 큰 공을 세웠지만 그가 황위에 오르는 과정은 순탄하지 않았습니다. 626년에 현무문^{玄武門}의 변을 일으켜 태자인 형과 아우를 살해하고 스스로 태자가 되어 실권을 장악합니다. 그 해 고조가 태종에게 양위하여 황제가 됩니다. 이성계의 다섯째 아들인 태종 이방원이 왕좌를 향해 나아가며 벌인 피의 숙청이 오버랩 됩니다.

중국 역사상 가장 번영했던 시기 가운데 하나인 태종의 치세 기간을 그의 연호를 따서 정관의 치^{貞觀之治}라고 합니다. 역사상 가장 뛰어난 군주로 평가받는 그를 두고 사람들은 유방^{劉邦}과 조조^{曹操}의 기량을 한 몸에 갖춘 인물이라고 합니다. 측천무후의 첫 번째 남편인 태종의 정관의 치와 그녀의 손자인 현종이 이룬 개원의 치^{開元之} ^{治}는 중국 역사의 황금시대로 평가받습니다. 그렇다면 중국의 유일한 여황제인 그녀의 치세는 어떻게 평가받을까요?

그 전에 두 번째 남편과의 만남을 살펴보겠습니다. 태종의 후궁이었던 무미랑은 태종이 사망한 후에 유언에 따라 출가하게 됩니다. 비구니가 되었으니 속세와의 인연은 끊어진 셈입니다. 그런데 그녀는 다시 궁으로 돌아와 이전보다 더 높은 지위에 오르게 됩니다. 태종의 뒤를 이은 고종의 황후가 되었습니다. 고종 이치^{李治}는 태종의 막내아들이며, 부황의 후궁이었던 그녀보다 4살 연하입니다. 무미랑과 고종은 단순히 후궁과 황자의 관계가 아니었습니다. 후궁들이 출가한 이후에도 고종이 무미랑이 있는 절에 찾아와 둘의 관계를 이어갔다고 합니다.

만남을 지속하는 것을 할 수 있겠지만 무미랑은 어떻게 궁으로 돌아와 고종의 후궁이 되었을까요? 다시 입궁을 할 수 있었던 것은 후궁들을 견제하고자 했던 황후의 힘이 컸기 때문입니다. 무미랑은 황후와 함께 후궁 세력을 제거하는데 최선을 다하면서도 남몰래 야망을 키우며 황후를 폐위시키기 위한 계략을 짭니다. 그 과정에 자신의 딸을 직접 죽여 놓고 황후에게 덮어씌우는 일도 마다하지 않았습니다. 결국 그녀는 황후를 폐위시키고 두 달 후에 자신이 그 자리를 차지합니다.

황후의 자리에 오른 측천무후는 병약한 고종의 섭정이 되어 통치하는 등 황제의 권한을 장악해나갑니다. 그리고 자신의 아들들을 차례대로 태자로 책봉했다가 폐위시킵니다. 폐위 후 첫째는 독살하고, 둘째는 추방한 뒤 자살하게 만듭니다. 셋째 중종을 황위에 올렸다가 얼마 지나지 않아 넷째 예종을 황제에 옹립합니다. 그러나 곧 예종도 폐위시키고 690년에 자신이 황제가 됩니다. 중국 최초의 여황제가 탄생하는 순간입니다.

황후로 생을 마감한 황제

황제가 된 무측천은 국호를 주周로 고칩니다. 그녀는 공포정치를 펼치며 자신에게 위협이 되거나 반대하는 세력은 잔혹하게 제거해 버립니다. 그리고 누구든지 직접 황제에게 밀고할 수 있는 제도를 만들었습니다. 내용이 사실일 경우에는 파격적인 승진으로 보상했고, 비록 거짓일 경우라도 추궁하지 않았습니다. 살벌한 상황 속에서도 황제의 곁에는 재능이 출중한 대신들이 많았습니다. 신분을 따지지 않고 능력 위주로 관료를 등용했기 때문입니다. 뿐만 아니라 자기 자신을 추천하는 새로운 등용문도 만들었습니다. 모르긴 해도 애증의 자기추천제 아니었을까요?

비록 황궁은 살벌했지만 백성들은 안정된 생활을 누렸습니다. 나라의 근간이 되는 농업의 발전을 중요하게 생각하여 농업에 방해

되는 모든 활동을 엄격하게 금지했습니다. 문인들을 우대하고 불교를 숭상하여 화려했던 당의 문화와 불교의 발전에 기여했습니다. 대외적으로도 변방의 우환을 방어하여 보국안민을 실천합니다. 그녀는 태종이 이룬 정관의 치에 버금가는 무주의 치^{武周之治}를 이룹니다. 그리고 훗날 현종이 이룬 개원의 치의 기초를 마련했다는 평가를 받습니다.

무측천은 명재상으로 알려진 적인걸^{狄仁杰}과 함께 무주의 치를 이루었지만, 반란에 의해 자신이 폐위시켰던 아들 중종에게 양위합니다. 국호도 다시 당이 되었습니다. 그녀는 태상황으로 물러났고 얼마 지나지 않아 병으로 생을 마감합니다. 그리고 후손에게 다음과 같은 유언을 남깁니다.

황제의 칭호를 없애고
　　측천순성황후^{則天順聖皇后}라고 칭하라.
고종의 건릉^{乾陵}에 함께 묻어라.
묘비에는 아무 글자도 새기지 말고
　　공과는 후대가 평가하도록 하라.

유언을 통해 마지막까지 자신의 정치력을 보여줍니다. 만약 이와 같은 유언을 하지 않았다면 죽은 뒤의 자신을 지킬 수 있었을까요? 황후의 예로써 장례를 치르도록 한 것은 탁월한 선택입니다.

아들은 자신에게 모후의 예를 갖출 것이고, 왕조가 지속되는 한 대대손손 이어가며 제사를 지낼 것 입니다. 황후의 자리는 자식의 목숨까지 희생하며 힘겹게 얻은 자리입니다. 어쩌면 그녀의 인생에서 황제에 오른 순간보다 더 행복했을까요? 아니면 울며 겨자 먹기 식으로 선택한 차선책이었을까요? 둘 다 아닙니다. 그녀는 마지막까지 최고의 자리를 지킨 것입니다. 주나라의 황제에서 당나라의 황제가 섬기는 태후^{太后}가 된 것입니다.

측천무후와 차

차는 '당대에 일어나 송대에 번성했다.'는 말이 있습니다. 당대에 통일된 왕조를 이루면서 남북의 문화가 광범위하게 융합되었고, 차를 마시는 풍습도 전국에 보급되고 보편화됩니다. 그러나 측천무후는 평소에 차를 즐겨 마시지 않았다고 합니다. 위장병에 시달리던 측천무후에게 한 신하가 '차는 만병의 약이며 옛날 신농이 맛본 것이 신양에 있으니 드셔 보십시오.'라고 아뢰었습니다. 그녀가 그 말을 듣고 반색하지는 않았지만 차를 마시고 병이 낫자 그때부터 차를 즐겼다고 합니다. 측천무후가 마신 차를 생산한 곳은 하남성^{河南省} 신양시^{信陽市}의 차운산^{車雲山}입니다. 그곳에는 약 360Km정도 떨어진 낙양^{洛陽}에서 옮겨온 돌로 만든 탑이 있습니다. 측천무후의 위장병을 고쳐준 차의 공덕을 기리며 탑을 쌓았다고 합니다.

　신양의 차 생산은 약 2천 년 정도의 역사를 가지고 있습니다. 이 곳은 5개의 산으로 둘러싸여 있는데 그 중 하나가 차운산 입니다. 1915년에 파나마 박람회에서 금메달을 받은 차운산작설車雲山雀舌이 생산된 곳입니다. 1990년에는 신양모첨의 원조라 할 수 있는 차운산모첨車雲山毛尖이 전국 우수브랜드에 선정되었습니다. 현재 신양 일대에서 생산되는 가늘고 뾰족한 모양의 녹차를 신양모첨信陽毛尖이라고 합니다.

　녹차

　녹차는 기본적으로 채엽採葉, 살청殺青, 유념採捻, 건조乾燥 과정으로 만듭니다. 실제 과정은 훨씬 복잡하며 종류에 따라 다릅니다. 채엽은 찻잎을 따는 과정입니다. 일반적으로 싹과 어린잎으로 만든 차가 고급입니다. 싹은 아芽 또는 창槍 또는 심芯이라고 하고, 잎은 엽葉 또는 기旗라고 합니다. 예를 들어 하나의 싹과 두 개의 잎을 따면 1아2엽, 1창2기, 1심2엽이라고 표현합니다.

채엽하는 시기에 따라 명전, 우전 등으로 구분합니다. 청명^{淸明} 전에 채엽하여 만든 것을 명전차^{明前茶}, 곡우^{穀雨} 전에 채엽하여 만든 것은 우전차^{雨前茶}라고 합니다. 중국의 차산지는 우리나라보다 기온이 높기 때문에 청명 전에 채엽하는 것이 가능합니다.

우리나라는 「차산업 발전 및 차문화 진흥에 관한 법률」에 의거하여 녹차를 우전, 곡우, 세작^{細雀}, 중작^{中雀}, 대작^{大雀}으로 표시합니다. 우전은 곡우 이전에 채엽한 1심2엽으로 만든 것, 곡우는 곡우 또는 곡우 이후 7일 이내에 채엽한 1심2엽으로 만든 것, 세작은 곡우 이후 8일에서 10일 사이에 채엽한 1심3엽으로 만든 것, 중작은 5월에 채엽한 1심3엽으로 만든 것, 대작은 6월 이후에 채엽한 것으로 만든 차입니다.

찻잎을 딴 후에는 살청을 통해 찻잎 속에 들어있는 산화효소를 파괴하여 찻잎 속 성분의 변화가 최대한 일어나지 않도록 합니다. 살청하는 방법에 따라 초청^{炒靑}과 증청^{蒸靑}으로 나눕니다. 초청은 찻잎을 고온의 솥에서 덖는 것으로 주로 중국과 우리나라에서 많이 하는 방법입니다. 증청은 증기에 살짝 쪄내는 방법이며 일본에서 주로 하는 방법입니다.

다음으로 찻잎을 비비는 유념을 합니다. 유념의 목적은 크게 세 가지가 있습니다. 차의 수분을 고르게 하는 것, 차의 외형을 만드는 것 그리고 세포조직을 파괴하여 차가 잘 우러나도록 하는 것입니다. 따라서 유념하는 방법에 따라 차의 외형이 달라지며, 차를 우리는 시간이 달라집니다. 유념을 약하게 했거나 하지 않은 차들은 조금 더 길게 우려야 합니다.

마지막 건조 과정은 차를 완성하는 단계입니다. 남은 수분을 제거하여 차의 변질을 줄이고 외형을 고정시키며 맛과 향을 좋게 만듭니다. 건조하는 방법에 따라 솥에서 건조하면 초청炒青, 햇볕에 건조시키면 쇄청晒青, 열기나 열풍으로 건조한 것은 홍청烘青녹차로 분류합니다.

신양모첨의 가늘고 뾰족한 형태는 어떻게 만들까요? 바로 마녀가 타고 날아다닐 법한 빗자루를 이용해 만듭니다. 살청과 유념을 거친 후에 찻잎을 다시 솥 안에 넣고 빗자루를 이용해서 시계방향으로 계속 회전 시킵니다. 모양이 어느 정도 완성되면 솥에서 꺼내어 찻잎의 수분을 고르게 증발시킨 후에 다시 솥 안에 넣습니다. 이번에는 손으로 형태를 잡아 모양을 더욱 아름답게 만듭니다. 마지막으로 건조시키면 신양모첨이 완성됩니다.

그야말로 차는 손이 많이 갑니다. 찻잎의 입장에서 생각해보면 사람들이 따고 덖고 비비고 말리고 참 못살게 구는데도, 차호茶壺 안에서 물과 만나면 자연에 있던 것 마냥 예쁜 모습으로 되살아나는 것이 볼 때마다 신기합니다. 그만큼 차를 만드는 사람의 기술이 훌륭하다는 의미이기도 합니다. 측천무후는 전무후무라는 수식어를 달았지만, 차는 전무는 있어도 후무는 없었으면 좋겠습니다.

세 잔_ **당 현종의 차**

황제의 사랑과 불륜

당 현종玄宗 이융기李隆基는 측천무후의 손자입니다.

당의 태평성대를 이룬 황제라는 것을 차치하고서라도, 사람을 소개하는 첫 문장에 '누구의 손자'라고 혈연과 제도로 맺어진 가족 관계를 내세우는 것이 시대정신에는 맞지 않을 것입니다. 그래도 측천무후의 집안 남자들을 3대만 살펴보겠습니다. 당 고조 이연李淵 은 시아버지, 고조의 둘째아들 태종 이세민李世民은 첫 번째 남편, 태종의 막내아들 고종 이치李治는 두 번째 남편, 그리고 뒤 이어 즉위한 중종 이현李顯과 예종 이단李旦은 고종과 자신의 사이에서 태어난 아들들입니다.

측천무후는 중종과 예종을 차례대로 황제로 만들었지만 곧 폐위시키고 690년에 자신이 직접 황제가 되어 나라를 다스렸습니다. 측천무후 이후에는 다시 중종과 예종이 차례로 황위를 잇습니다. 예종의 뒤는 그의 셋째 아들 현종이 이어받습니다. 시아버지와 남편두 명, 아들 두 명 그리고 손자 한 명이 황제입니다. 어디 그뿐입니까? 자신도 황제입니다. 그야말로 엄청납니다. 여기서 눈에 띄는것은 그녀의 남편이 두 명입니다. 그리고 남편 두 명이 부자지간입니다.

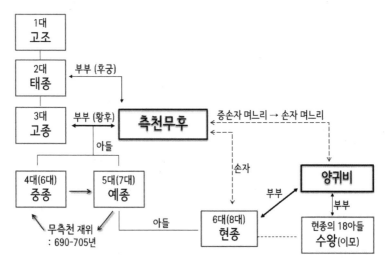

중종과 예종은 두 번씩 황위에 올랐으며 무측천은 계보에서 제외합니다.
중종-예종-(무측천)-현종으로 생각하는 경우에는 현종을 6대로 표현하고,
중종-예종-(무측천)-중종-예종-현종의 경우에는 현종을 8대로 표현합니다.

현종(712-756년 재위)은 황위와 거리가 가까운 편은 아니었습니다. 당시 황제는 자신의 백부인 중종이었습니다. 그리고 자신은 예종의 첫째도 아닌 셋째 아들이었습니다. 그런데 어느 날 중종이 위황후^{韋皇后}와 딸 안락공주^{安乐公主}에게 암살을 당합니다. 측천무후와 같은 야망을 품은 위황후는 중종을 독살한 후 자신의 아들을 황제로 세웠지만 한 달을 버티지 못했습니다. 현종이 누이인 태평공주^{太平公主} 등과 함께 군사를 일으켜 아버지인 예종을 다시 황제로 만들었기 때문입니다. 현종은 황태자에 책봉되었지만 실권은 태평공주에게 있었습니다. 예종에게 양위를 받은 후에도 둘의 세력다툼은 계속되었고, 태평공주가 자결함으로써 현종이 황권을 완전히 장악합니다.

이제부터는 현종과 함께하는 태평성대의 시간입니다. 굳이 설명할 필요도 없습니다. 민생안정과 부국강병이면 끝입니다. 태종과 현종은 중국 역사의 황금기를 이룩한 황제들입니다. 그러나 제위에 오르는 과정은 살벌했습니다. 뜻을 같이하는 정치 세력을 모아서 피바람을 일으키지 않았다면 그들은 황제가 될 수 없었을 것입니다. 이것도 자신이 할 때와 남이 할 때는 다릅니다. 현종은 집권 초기에 환관과 인척을 정치에 관여하지 못하도록 하고, 집단 간에 세력의 균형을 이루도록 노력했습니다. 그러나 끝까지 유지하지는 못했습니다. 만약 정사를 돌보던 초심을 마지막까지 지켰다면 자신의 사랑도 해피엔딩이 되었을까요?

현종은 나름 사랑꾼입니다. 자신이 총애했던 무혜비武惠妃가 38세에 사망하자 그녀에게 정순황후貞順皇后라는 시호를 내려줍니다. 비록 무혜비는 황후에게 올리는 제삿밥을 길게 먹지는 못했지만, 현종은 생전에 황후로 책봉하지 못한 미안한 마음을 시호로 대신한 것입니다. 사랑하던 무혜비의 죽음으로 슬픔에 빠진 현종을 위로하기 위해 환관 고력사高力士가 전국의 미녀들을 찾아 나섭니다. 물고기가 헤엄치는 것을 잊어버릴 정도로 아름다운 서시西施, 기러기가 날개 짓 하는 것도 잊게 만든다는 왕소군王昭君, 달도 부끄러워 구름 사이로 숨어버리게 만드는 초선貂蟬과 함께 중국의 4대 미인이라 일컬어지는 양귀비楊貴妃가 등장합니다.

아름다움에 꽃도 부끄러워서 고개를 숙였다는 양귀비의 본명은 양옥환楊玉環입니다. 미모는 말할 것도 없고 노래와 춤도 출중했다고 합니다. 중국 역사는 그녀를 자질풍염資質豊艶이라고 표현했습니다. 양옥환은 산서성山西省 출신이지만 부모를 일찍 여의고 사천성四川省에서 자라납니다. 17세에 현종의 열여덟 번 째 아들인 수왕壽王 이모李瑁의 왕비가 됩니다. 수왕 이모는 현종이 총애하여 황후의 시호까지 내려준 무혜비가 낳은 아들입니다. 즉, 양옥환은 현종의 며느리입니다.

어느 날 현종의 술자리에 수왕의 왕비 양옥환이 초대됩니다. 그녀의 춤을 보고 반한 현종은 적극적인 구애를 펼칩니다. 그리고 궁으로 불러들이기 위해 그녀를 도교에 출가시킵니다. 도가에 입문하면 속세에서의 일들은 없던 것이 되기 때문입니다. 그리고 아들에게는 다른 짝을 찾아줍니다. 어찌되었건 과거를 세탁하고 궁에 들어온 양옥환은 6년 만에 귀비貴妃로 책봉됩니다. 현종은 양귀비를 자신의 말을 이해하는 꽃이라며 해어화解語花라고 불렀습니다. 양귀비에게도 두 번째 남편이 생겼습니다. 그리고 그들도 부자지간입니다.

현종은 갈수록 정사에 관심이 없어졌습니다. 황후의 자리가 비어 있기도 했지만, 양귀비는 황제의 총애를 등에 업고 황후와 같은 권세를 누렸습니다. 고위직에 대거 등용된 그녀의 친인척은 나라를 좀 먹는 세력이 되었습니다. 이 모든 것이 원인이 되어 안사安史의 난이 일어납니다. 현종과 양귀비는 사이좋게 피난길에 오릅니다. 그러나 양귀비에 대한 분노가 극에 달한 군사와 백성들은 현종을 압박했습니다. 결국 현종은 양귀비를 끝까지 지키지 못했습니다. 양귀비는 성난 민심에 의해 자결이라는 방법으로 살해당합니다. 현종은 아들 숙종肅宗에게 양위하고 얼마 지나지 않아 병으로 사망합니다.

측천무후는 자신의 남편이었던 태종의 아들(고종)과 재혼했고, 양귀비는 남편(수왕)의 아버지(현종)와 재혼을 했습니다. 서술을 달리하면 고종은 계모(측천무후)를 부인으로 맞았고, 고종의 손자 현종은 며느리(양귀비)를 부인으로 들였습니다. 황제의 사랑이 불륜으로 변했는지 아니면 불륜이 사랑으로 둔갑했는지 모르겠지만 흔한 막장 드라마보다 더 드라마 같습니다.

현종과 차

현종은 정치도 잘했지만 다재다능한 황제였습니다. 특히 음악과 서도에 뛰어난 재능을 보였다고 합니다. 말년의 삶은 초기 업적을 잊게 만들지만, 개원의 치를 이룬 현종은 차를 즐겼습니다. 차에 정통한 비빈^{妃嬪}을 늘 곁에 두고 지냈다고 합니다. 현종 시대에 최초로 황실 공차^{貢茶}가 지정된 것도 우연이 아닌 듯합니다.

최초의 황실 공차로 지정된 차는 사천성^{四川省} 아안시^{雅安市} 몽정산^{蒙頂山}의 차입니다. 기이한 봉우리에서 자라는 고차수^{古茶樹}를 곳곳에서 볼 수 있습니다. 몽정^{蒙頂}은 몽산^{蒙山}의 정상이라는 뜻인데 몽산보다는 몽정산이 더 친숙합니다. 몽^蒙은 덮여져 있다는 뜻으로 사철 안개가 자욱한 기후 때문에 붙여진 이름입니다.

현종과 양귀비가 즐겨 마신 몽정산의 차는 742년에 황실의 공차로 지정되어 청나라 말기까지 쭉 이어집니다. 몽정산의 황다원^{皇茶園}에는 승려 오리진^{吳理眞}이 무려 기원전에 심었다는 차나무 7그루가 자라고 있습니다. 사람들은 이 차를 선차^{仙茶}라고 부릅니다. 황다원의 차는 황제에게 올리고 황족과 귀족들에게는 5개의 기이한 봉우리에서 생산되는 차를 바쳤습니다. 비가 많이 내리고 안개가 자욱한 환경은 빛을 산란시켜서 차의 독특한 품질을 형성하는데 도움을 줍니다. 현재 몽정산에서 생산되는 몽정감로^{夢頂甘露}와 몽정황아^{蒙頂黃芽}는 중국의 10대 명차에 속합니다.

황차

몽정황아蒙頂黃芽는 육대다류 중에 황차黃茶로 분류됩니다. 당대 이조李肇가 쓴 『국사보國史補』에는 '황차 중에서 몽정차의 품질이 가장 좋다.'고 기록되어 있습니다. 황차는 기본적으로 채엽, 살청, 유념, 민황悶黃, 건조 과정으로 만들어집니다. 녹차와 마찬가지로 실제 과정은 훨씬 더 복잡합니다. 이 중에서 민황이 황차의 품질을 결정하는 중요한 과정입니다. 민황은 소량의 찻잎을 종이나 헝겊에 싸서 가볍게 발효시키는 과정입니다. 이때 찻잎의 엽록소가 파괴되어 황색을 띄게 됩니다. 황차는 제다과정 중에 차의 떫은맛을 내는 카테킨 성분이 감소하기 때문에 맛이 순해집니다.

몽정황아 외에도 호남성湖南省 악양현岳陽縣의 동정호洞庭湖 가운에 있는 섬인 군산에서 생산되는 군산은침君山銀針과 안휘성安徽省 곽산현藿山縣에서 생산되는 곽산황아藿山黃芽가 유명합니다. 황차의 삼대

장이라 할 수 있습니다. 이 세 가지 차는 모두 어린 싹과 잎 즉, 1아 또는 1아1엽으로 만들기 때문에 황아차黃芽茶라고 부릅니다. 제다에 사용한 잎에 따라 1아1엽 또는 1아2엽의 어린잎으로 만들면 황소차黃小茶, 1아2엽 이상의 큰 잎으로 만들면 황대차黃大茶로 분류합니다. 황차는 사천성, 호남성, 안휘성 외에 호북성湖北省, 절강성浙江省, 광동성廣東省 등에서도 생산됩니다.

황차도 물속에서 펼쳐지는 잎의 모습이 굉장히 아름답습니다. 떠올랐다가 가라앉는 것을 반복하며 마치 헤엄을 치듯 또는 춤을 추듯이 움직입니다. 사람들은 그 모습을 보며 차무茶舞를 감상한다고 합니다. 차의 색色·향香·미味는 물론이거니와 자유분방한 미를 발산하는 차무도 사람들을 차의 세계로 끌어들이는 요인입니다. 양귀비가 추는 춤이 아름다운지 아니면 춤이 양귀비를 아름답게 보이게 했는지 그것도 아니면 동시에 서로를 빛나게 했는지 알 수 없습니다. 그렇지만 찻잎이 추는 춤도 사람이 추는 춤에 못지않게 매력적인 것은 분명합니다.

네 잔_ 송 휘종의 차

풍류천자

역대급 표현이라고 감히 말해봅니다.

그러나 풍류천자 휘종^{徽宗}(1100-1125년 재위)은 훗날 이민족의 포로가 되었고 나라는 망국의 길로 들어섭니다. 휘종의 이름은 조길^{趙佶}이며, 선황인 철종^{哲宗}의 동생입니다. 동생이 황위를 이어받은 것에서부터 송나라의 위태로움이 느껴집니다. 휘종은 정치를 신하에게 맡겼고, 황제가 총애하는 환관이 막강한 권한을 행사하며 나라를 좌지우지했습니다.

황제의 본분이라 할 수 있는 정치를 맡겨두었으니 풍류를 즐길 수 있는 여유가 그만큼 더 늘어났을 것입니다. 도교에 빠져 지내던 휘종은 정원을 사치스럽게 꾸미는 등 호사스러운 생활을 영위합니다. 휘종만 남다르게 호사스러운 생활을 한 것이 아니라 다른 황제들도 상상 이상으로 누렸을 것입니다. 그러나 그들은 통치 업적에 따라 후대에게 일종의 면죄부 아닌 면죄부를 받았을 것입니다. 휘종의 치세는 정상참작 보다는 가중처벌에 가까워 보입니다.

휘종은 문화와 예술을 사랑한 황제입니다. 얼마나 좋은 일입니까? 문화·예술은 우리의 삶을 빛나게 해줍니다. 단편적으로 피켓팅이라 불리는 티켓 예매는 월급날까지 직장생활을 참고 견디는 힘이 되어주고, 여가 활동은 우울증을 치료하는 등 정신건강에 이로움을 줍니다. 물론 먹고 사는 문제가 어느 정도 해결되어야 가능한 일입니다. 민생안정과 문예진흥이 함께 이루어졌다면 좋았을 텐데, 애석하게도 휘종의 업적은 민생보다 예술 쪽으로 기웁니다.

풍류천자는 고미술품을 수집하는 것을 좋아했습니다. 그리고 서화원을 설치해서 궁정서화가를 양성했습니다. 화가의 처우를 개선한 것은 말할 것도 없습니다. 황제가 과거의 예술을 보호하고 현재의 예술을 활성화시켜서 미래로 이어지도록 만든 것입니다.

그는 단순히 즐기고 수집만 한 것이 아니라 실력도 대단했습니다. 시문과 서화에 뛰어났는데 특히 그림은 그야말로 예술의 경지를 보여줍니다. 일본의 국보인 『도구도挑鳩圖』는 휘종의 그림입니다. 꽃이 핀 복숭아 나뭇가지에 앉아있는 비둘기를 그린 작품입니다. 입김을 조심스럽게 후하고 불면 부드러운 가슴털이 살며시 움직일

것만 같습니다.

반면에 국제 정세는 맹금류의 발톱마냥 거칠었습니다. 휘종은 금金나라와 협공하여 요遼나라의 땅을 수복하려다가 오히려 금나라 군대를 자신의 영토로 불러들이는 결과를 낳았습니다. 금나라 군대는 계속해서 송나라를 위협했고, 두려운 휘종은 아들 흠종欽宗에게 양위하고 물러납니다. 그러나 얼마 지나지 않아 정강靖康의 변으로 수도 개봉開封이 함락되어 휘종은 흠종과 함께 금나라 군대의 포로로 끌려갑니다. 포로생활을 하던 그는 결국 북만주에서 병사합니다. 이렇게 북송은 멸망했고, 정강의 변을 피해 남쪽으로 도망쳤던 흠종의 동생 고종高宗에 의해 남송이 세워집니다.

황제가 하루아침에 포로가 되었지만, 포로 생활 중에 자식을 14명이나 낳았습니다. 생각보다 견딜만했나 봅니다. 실제로 휘종은 금나라로부터 매년 높은 봉록을 받으며 지냈고, 후궁들이 그의 수발을 들었다고 합니다. 그리고 어찌되었건 환경에 적응하며 삶을 살아낸 휘종의 적응력과 정신력에 박수를 보내고 싶습니다.

휘종과 차

휘종은 차를 사랑했습니다. 그리고 자신이 직접 점다点茶하여 신하들에게 나누어주는 것을 즐겼습니다. 좋아하는 것을 나누고 싶은 마음 그리고 솜씨를 뽐내고 싶은 마음은 같은가 봅니다. 황제가 손수 만든 차를 받아든 신하의 기분은 어땠을까요? 물론 맛은 보장된다는 전제하에 생각해보시기 바랍니다.

황제를 비롯하여 상류층 귀족들은 다회 개최를 즐겼습니다. 최고급 품질의 차, 예술작품으로 손색이 없는 다기, 타의 추종을 불허하는 훌륭한 솜씨가 어우러진 그들이 원하는 품격 있는 다회를 개최하기 위해서는 많은 노력과 비용이 필요합니다. 사치의 길로 들어서기 십상입니다. 일반 백성들에게도 차는 일상의 필수품이 되었습니다. 쌀과 소금처럼 하루도 빠뜨릴 수 없는 것이 차였습니다. 그 덕에 거리마다 끽다점^{喫茶店}이 넘쳐났습니다.

사람들은 투다^{鬪茶}를 즐겼습니다. 투다는 차의 품질과 우려내는 기술을 겨루는 놀이입니다. 이때는 주로 점다법^{點茶法}으로 차를 만들어 마셨습니다. 2019년에 개봉한 일본 영화 《일일시호일^{日日是好日}》에서 보신 다법이 점다법입니다. 노리코에게 '언제 그만두면 어때요. 그저 맛있는 차를 마시러 오면 될 뿐이에요.'라고 말하던 다케다 역의 고^故 키키 키린^{樹木希林}님의 목소리가 특히 마음에 와 닿았던 작품입니다. 영화를 보지 못하신 분들은 일본의 말차를 떠올려 보세요. 일단 글로 한 번 설명해보겠습니다.

먼저 차를 마늘 찧듯이 두드려 부숩니다[碎茶^{쇄차}]. 왜냐하면 찻잎을 쪄서 동그란 모양으로 단단하게 뭉친 후 건조시킨 단차^{團茶}이기 때문입니다. 황실에 바치던 차의 표면에는 용과 봉황 무늬가 있어서 용봉단차^{龍鳳團茶}라고 불렀습니다. 부순 차를 맷돌 등을 이용하여 가루로 만듭니다[碾茶^{연차}]. 그리고 체에 쳐서[羅茶^{라차}] 더욱 곱게 만든 다음 합^盒에 담습니다[茶末置盒^{차말치합}]. 가루차를 다완^{茶碗}에 담고[撮末于盞^{촬말우잔}] 뜨거운 물을 붓습니다[点茶^{점다}]. 차선^{茶筅}으로 거품이 생기도록 빠르게 휘저어 격불^{擊拂}한[攪拌茶末^{교반차말}] 뒤 다완을 차탁^{茶托}에 올려서[置茶托^{치다탁}] 내면 끝입니다. 사람들은 차의 흰색 거품이 잘 보이도록 흑유잔^{黑釉盞}을 즐겨 사용했습니다. 가히 솜씨를 겨룰만하지 않습니까? 황제가 아니더라도 누군가가 나를 위해 차 한 잔을 만들어 준다면 그야말로 노래가 절로 나올 것입니다.

휘종은 차 전문서적인 『대관다론^{大觀茶論}』을 저술했습니다. 대관은 휘종이 1107년부터 1110년까지 사용한 연호입니다. 이 책에는 중국차의 발전과정부터 시작하여 차의 산지, 생육환경, 제조과정, 차를 선택하는 법과 점다법 등이 상세히 기술되어 있습니다. 휘종은 백차^{白茶}에 대해 다음과 같이 설명했습니다.

다른 지방의 백차는 제조과정에서 하얀색을 만들어내지만 안길백차^{安吉白茶}는 가공하기 전의 어린잎 자체가 백옥처럼 흰색이다.

백차의 제조과정을 알아보기 전에 안길백차부터 살펴보겠습니다.

안길백차는 절강성浙江省 호주시湖州市 안길현安吉縣에서 생산되는 녹차입니다. 이름에 백차라는 글자가 들어있지만 녹차 제다법으로 만듭니다. 명맥이 끊어졌다가 약 40여 년 전에 발견된 백차조白茶祖를 무성생식으로 번식시켜 개발한 백엽1호白叶一号 품종으로 생산합니다. 휘종이 설명한 바와 같이 차나무의 어린잎이 흰색에 가까운 변이종입니다. 중국의 차나무 품종 가운데 아미노산의 함량이 제일 높아서 독특한 맛을 냅니다.

안길현은 안길백차 외에 대나무 숲으로도 유명합니다. 대나무하면 떠오르는 곳이 있죠? 네, 전라남도 담양입니다. 안길현과 담양은 대나무를 매개체로 2004년에 우호협력 관계를 맺었습니다. 중국과 대나무라는 키워드는 대나무 숲이 인상적인 영화 한 편을 자동소환 합니다. 보고 있으면 바다가 들릴 것 같은 안길대죽해安吉大竹海는 주윤발周潤發이 변발의 모습으로 주연한 영화 《와호장룡臥虎藏龍》의 촬영지 중 한 곳입니다. 2000년에 개봉한 《와호장룡》은 19세기 청나라 말기를 배경으로 제작되었습니다.

백차

백차를 두고 '일 년은 차茶, 삼 년은 약藥, 칠 년은 보물寶'이라고 합니다. 오랜 시간 보관이 가능하고 세월 따라 풍미를 더해가는 것은 단순히 시간만 보내면 되는 것이 아니라 만들 때부터 좋은 원료 즉, 보물 같은 찻잎을 원료로 해야 한다는 뜻이라고 생각합니다. 맑고 신선한 향을 지닌 백차는 가장 단순한 과정으로 만듭니다. 찻잎을 시들려서 건조하면 끝납니다. 수분을 증발시키고 찻잎 속 성분의 변화가 일어나도록 시들리는 과정을 위조蔉凋라고 합니다. 이때 산화효소를 파괴하지 않으면서 산화를 촉진시키지도 않아야 합니다. 제다과정이 두 개 뿐이어서 매우 간단해 보이지만 사람의 섬세한 감각이 필요합니다. 한 순간에 찻잎이 낙엽이 되거나 퇴비로 변해있을지도 모릅니다.

싹(1아)으로 만든 것을 백호은침白毫銀針, 싹과 어린잎(1아1엽)으로 만든 것을 백모단白牡丹, 싹과 거의 자란 잎으로 만든 것을 수미壽眉라고 합니다. 백호은침은 반짝이는 하얀 솜털이 그대로 살아있는 반면에 수미는 거의 낙엽과 유사한 색을 하고 있습니다. 현재는 아주 약하게 유념을 하는 백차도 생산되고 있지만, 기본적으로 백차는 유념 과정이 없기 때문에 잎의 형태가 자연스럽게 건조된 모습 그대로 유지됩니다. 찻잎 자체는 형태가 자연스럽게 유지되지만 차를 긴압緊壓하는 방법에 따라 알사탕, 초콜릿, 원반 등과 같은 형태로 판매됩니다.

백차의 생산은 당·송 시대에 시작되었습니다. 송대에는 복건성 복정福鼎 지역의 황실다원에서 생산된 백차가 공납되었고, 청대에 백호은침 등 현재와 같은 백차의 모습이 완성되었습니다.

청 가경^{嘉慶}연간(1796-1820년)에 백호은침의 생산이 시작되어, 함풍^{咸豊}연간(1850-1861년)에는 복정시에서 복정대백종^{福鼎大白種}으로 백호은침을 생산했습니다. 광서^{光緖}연간(1874-1908년)에는 정화현에서 정화대백종^{政和大白種}으로 백호은침을 생산했습니다. 복정과 정화는 복건성 뿐만 아니라 중국의 대표적인 백차 생산지입니다. 흑유잔을 만든 건요^{建窯}로 잘 알려진 건양시^{建陽市}에서는 1920년대에 백모단을 생산하여 타 지역에 전파시킵니다.

복건성 외에도 운남성^{雲南省}과 절강성^{浙江省} 등지에서 백차가 생산됩니다. 보이차가 떠오르는 운남성은 보이시^{普洱市} 경곡현^{景谷縣}과 보이시 란창현^{瀾滄縣}의 경매^{景邁} 지역에서 생산된 백차가 유명합니다. 그리고 임창시^{臨滄市} 석귀^{昔归} 지역 등에서도 백차를 생산하고 있습니다. 경곡 지역은 청 도광^{道光}연간(1820-1850년)에 진육구^{陳六九}가 란창강^{瀾滄江} 주변에서 발견한 백차종 씨앗을 몰래 가져와 재배한 것에서 유래되었습니다.

생산 지역에 관계없이 싹으로 만든 백차는 하얀 솜털이 살아있습니다. 은빛으로 반짝이는 비단결처럼 곱고 작은 솜털이 빈틈없이 감싸고 있는 통통한 백차를 보고 있으면 하얀 새가 곧 날개를 펼칠 것 같습니다.

다섯 잔_ 원 쿠빌라이 칸의 차

신비한 나라의 위대한 황제

쿠빌라이^{忽必烈, Khubilai} 칸^{汗, khan}(1260-1294년 재위)은 마르코 폴로^{Marco Polo}의 『동방견문록^{東方見聞錄}』과 여러 문헌에 의해 일찍부터 서양에 알려진 황제입니다. 서양인들은 쿠빌라이 칸을 신비한 나라를 다스리는 위대한 황제의 모습으로 상상했습니다. 그들에게는 무엇이 신비했을까요?

쿠빌라이는 거대한 몽골 제국을 세운 칭기스 칸^{Chingiz Khan}의 넷째 아들인 툴루이^{Tului}의 차남입니다. 간단하게 칭기스 칸의 손자입니다. 서열이 복잡해 보이는 것은 역시나 몽골 제국의 황위 계승도 수월하게 이루어지지 않았다는 것을 보여줍니다. 몽골족은 쿠릴타이

Khuriltai라는 족장회의를 통해 민주적으로 최고 지도자를 선출했습니다. 그런데 칭기스 칸의 위대한 업적은 그의 자손이 다음 지도자가 되는 것을 당연하게 만들었고, 족장회의는 추인만 하는 것으로 변했습니다. 이제는 칸이 되기 위한 가문 간의 싸움이 아니라 집안 문제가 되었습니다. 몽골족은 막내아들이 집안을 잇는 풍습이 있습니다. 막내는 얼마든지 바뀔 수 있습니다. 황위 계승을 위한 소모전으로 이 거대한 제국이 분열되는 것도 멀지 않아 보입니다.

쿠빌라이는 둘째 아들이었기 때문에 어려서부터 주목받는 존재는 아니었습니다. 4대 칸이었던 형이 남송 원정 도중에 사망하자 그때부터 쿠빌라이에게 이목이 집중됩니다. 쿠빌라이는 자신의 지지자들만 모아서 쿠릴타이를 열고 5대 칸에 오릅니다. 쿠릴타이와 대립했던 막내 동생 아리크부카Arikbukha 역시 별도로 쿠릴타이를 열어 칸이 됩니다. 유일한 칸이 되기 위한 형제간의 혈투는 4년 동안 이어집니다. 혈투에서 승리한 쿠빌라이는 1271년에 국호를 원^元으로 개칭하고 대도^{大都}(현재의 북경)를 도읍으로 정합니다. 1279년에는 남송을 정복하여 중국 전체를 지배합니다. 역사상 처음으로 이민족이 중국 전체를 지배하는 대제국이 형성되었습니다.

쿠빌라이는 어려서부터 어머니의 영향을 받아 중국에 친화적이었습니다. 몽골의 전통을 이으며 중국적인 색채를 자신의 통치에 입혔습니다. 그는 중국의 중앙관제와 지방의 행정단위를 본받았지만 중앙에서 관료를 파견하지 않고 몽골 귀족으로 하여금 그 지방을

독자적으로 다스리게 했습니다. 그리고 유학자들을 곁에 두면서도 한문과 중국어는 배우지 않았습니다.

그는 백성을 몽골인, 색목인, 한인(북쪽 지역 한인), 남인(남송 출신의 한인)으로 구분했습니다. 몽골인과 함께 이슬람, 중앙아시아, 유럽 등에서 온 상인, 학자, 선교사들도 중히 썼습니다. 계층에 따라 한인과 남인은 차별을 받았지만, 특출난 재능이 있으면 조정에서 일할 수 있었습니다. 인종과 민족 그리고 종교를 구별하지 않고 인재를 등용한 셈입니다.

쿠빌라이는 정복전쟁을 계속하여 남쪽으로는 베트남 북방까지 영토를 확장시킵니다. 몽고군이 처음 침략한 1231년부터 약 40여 년 간 대몽고 항쟁을 이어가던 고려는 쿠빌라이에게 통혼을 요청하면서 화해 분위기를 만듭니다. 충렬왕忠烈王과 쿠빌라이의 딸인 제국대장공주齊國大長公主의 혼인으로 고려가 원의 부마국이 된 것입니다. 쿠빌라이는 고려와 함께 일본 정벌에 나섰지만 태풍 때문에 성공하지 못했습니다.

2017년에 방영된 MBC 드라마 《왕은 사랑한다》는 이때의 이야기입니다. 배우 임시완이 연기한 주인공 충선왕忠宣王은 충렬왕과 제국대장공주 사이에 태어난 아들입니다. 비록 재위 기간 중에 고려보다 원에 머물렀던 날이 더 많았지만, 그는 고려의 개혁을 위해 노력했던 왕이었습니다.

쿠빌라이는 통치 말년에 각지에서 일어난 반란과 끊이지 않는 통치권 도전으로 편할 날이 없었습니다. 그 와중에 황후와 황태자가 사망하는 슬픔도 겪게 됩니다. 쿠빌라이는 새 황후에게 정무를 맡기고 폭음과 폭식으로 세월을 보냅니다. 술에 빠져 지내다가 건강 악화로 사망합니다. 신비의 나라의 위대한 황제로 알려진 쿠빌라이 이후에는 대제국을 다스릴만한 재목의 칸이 등장하지 않았고, 얼마 지나지 않아 한족에 의해 명明나라가 세워집니다.

쿠빌라이와 차

앞서 복건성에서 생산되는 백차를 살펴보았습니다. 복건성에는 백차뿐만 아니라 다양한 차들이 생산되는데 그중에서도 홍차와 오룡차가 유명합니다. 특히 무이산에서 생산되는 차는 빠뜨릴 수 없습니다. 남송의 성리학자 주희朱熹가 무이구곡가武夷九曲歌를 지어 빼어난 절경을 노래한 무이산武夷山에서 생산되는 차를 통칭하여 무이차武夷茶라고 하고, 청차(오룡차)류를 무이암차武夷岩茶라고 합니다.

오랜 역사를 가지고 있는 무이차는 당대부터 세상에 알려지기 시작하여 고급차로 인식됩니다. 육우의 『다경』에도 무이산의 찻잎으로 차를 만드는 내용이 전합니다. 송대에는 무이산 인근의 봉황산에 북원北苑을 조성하여 황실에 납품하는 용봉단차龍鳳團茶를 생산합니다. 원대에 무이산에 어다원御茶園을 조성하여 만든 차를 황실에 납품하면서 세계적인 명성을 얻습니다. 명대에는 홍차와 오룡차 제다기술이 개발되어 새로운 차가 탄생합니다. 청대에 무이산의 제다기술이 복건성의 남쪽 지역으로 전파되면서 안계^{安溪} 지역에서도 오룡차를 생산하기 시작합니다.

왕조가 바뀌고 황제가 바뀌어도 복건성의 차, 무이산의 차는 궁중으로 향합니다. 공자가 생각했던 이상적인 국가, 측천무후가 본받고자 했던 국가인 주^周나라의 무왕^{武王}이 은^殷나라를 토벌할 때 복^福나라에서 무이산의 차를 무왕에게 바쳤습니다. 송의 휘종은 무이차를 맛보고 '사람의 마음을 맑고 조화로운 상태로 인도한다.'고 기록했습니다. 원의 쿠빌라이는 무이차를 마신 것에 크게 기뻐하며 무이차를 바친 관리에게 상을 내립니다. 명의 주원장은 무이차의 가치를 높게 평가하여 해외 반출을 금지합니다. 청의 건륭제^{乾隆帝}는 '무이암차의 맛이 제일 좋으며 맛의 깊이가 마치 잘 고아낸 뼛국물 같다.'고 칭찬했습니다.

지구 반대편에 살던 미국의 닉슨^{Richard Nixon} 대통령은 핑퐁외교차 중국을 방문했을 때 모택동^{毛澤東} 주석에게 대홍포^{大紅袍} 200g을 선물 받았습니다. 닉슨 대통령은 주은래^{周恩來} 총리에게 모택동이 너무 인색한 것 같다고 말했습니다. 주은래 총리는 닉슨 대통령에게 모택동 주석의 선물이 갖고 있는 의미를 다음과 같이 말했습니다.

당신에게 천하의 절반을 준 것입니다.

무려 천하의 절반입니다. 닉슨 대통령이 받은 대홍포는 절벽에서 자라는 대홍포 모수母樹의 찻잎으로 만든 것입니다. 일 년에 겨우 400g 정도 생산되는데, 그 중에서 당신이 200g을 가지고 있으니 천하의 절반을 가진 것과 다름이 없다는 뜻입니다. 이 이야기를 듣고 닉슨 대통령이 흡족해했다고 합니다.

역시 꿈보다 해몽일까요? 꿈이 좋아야 해몽도 좋을까요? 모택동 주석이 대홍포를 반으로 나눈 의미는 무엇일까요? 천하를 함께하자는 꿈같은 의미였을까요? 아니면 우리는 각자 천하의 절반을 갖고 있으니 내가 가진 것은 꿈도 꾸지 말라는 뜻이었을까요?

무이암차

도대체 어떤 차이기에 천하에 견주어질까요? 大紅袍는 클 대, 붉을 홍, 도포 포입니다. 전설마다 조금씩 차이는 있습니다만, 복건성 무이산의 바위 절벽 위에서 자라는 대홍포 모수는 차를 마신 사람의 병을 고친 공덕으로 크고 붉은 두루마기를 하사 받았습니다. 대홍포는 무이산에서 생산되는 대표적인 청차(오룡차) 즉, 무이암차에 속합니다.

오룡차는 생산지에 따라 크게 네 가지로 분류합니다. 무이산이 있는 복건성 북쪽지역에서 생산된 것을 민북오룡閩北烏龍, 안계현을 포함한 복건성 남쪽지역에서 생산된 것을 민남오룡^{閩南烏龍}이라고 합니다. 그리고 광동성^{廣東省} 조주시^{潮州市} 일대에서 생산되는 광동오룡^{廣東烏龍}과 대만^{臺灣} 일대에서 생산되는 대만오룡^{臺灣烏龍}이 있습니다.

여기서 민^閩은 복건성을 나타냅니다. 동명의 소설을 드라마로 제작하여 2015년에 방영한 중국 드라마 《랑야방^{瑯琊榜} : 권력의 기록》에서 배우 호가^{胡歌}가 연기한 매장소^{梅长苏}는 차를 좋아하는 인물입니다. 그와 과거에 정혼했던 예황군주^{霓凰郡主}의 동생이 매장소와 함께 차를 마시며 '누님이 특별히 민주^{閩州}에서 구한 차'라고 이야기 합니다. 즉, 복건성에서 구한 차라는 뜻입니다. 이 드라마는 내용도 재미있지만 차를 마시는 장면도 인상적입니다.

지역별로 차의 종류를 살펴보면 민북오룡은 대홍포^{大紅袍}를 비롯하여 철라한^{铁罗汉}, 백계관^{白鸡冠}, 수금귀^{水金龟}, 반천요^{半天腰}, 육계^{肉桂}

등이 있고, 민남오룡은 철관음^{鐵觀音}, 황금계^{黃金桂}, 본산^{本山}, 모해^{毛}^{蟹}, 기란^{奇蘭}, 수선^{水仙}, 매점^{梅占} 등이 있습니다. 품종명이 곧 차의 이름인 경우가 많으며, 지금도 품종간의 교배를 통해 새로운 차를 계속 개발하고 있습니다. 그리고 지란향^{芝蘭香}, 압시향^{鴨屎香} 등 백여 가지가 넘는 향으로 구분하여 판매하는 봉황단총^{鳳凰單叢}은 광동오룡^{廣東烏龍}에 속합니다. 대만오룡은 곧 찾아뵙겠습니다.

오룡차

검은 용처럼 보이는 오룡차는 제다과정이 복잡합니다. 채엽, 위조, 주청^{做青}, 살청, 유념, 건조 과정으로 만들어집니다. 대게의 경우 오룡차는 1아3엽을 기준으로 채엽합니다. 오룡차 특유의 맛과 향을 내기 위해서는 적당히 자란 잎이 필요하기 때문입니다. 적당히라는 단어에 더 이상 무슨 설명이 필요하겠습니까? 고도로 축적된 경험에 의해 선택되는 잎입니다. 어린잎은 쌉쌀한 맛과 향이 강하고, 오래되고 거친 잎은 섬유소가 많아서 제다 후에 품질이 떨어지므로 주의해야 합니다.

채엽한 후 통풍이 잘되는 실내 또는 실외에서 위조합니다. 위조과정을 통해 찻잎의 수분을 적당히 발산시키고 향기 성분을 돋우어줍니다. 지금부터는 찻잎을 괴롭혀서 맛과 향을 만드는 시간입니

다. 주청^{做青}은 찻잎을 대나무 채반에 담고 좌우로 흔드는 요청^{搖青}과 펼쳐서 그대로 두는 정치^{靜置}를 반복하는 것입니다. 요청 과정의 마찰로 세포벽이 파괴되어 찻잎 속 산화효소에 의한 성분의 변화가 촉진되고 향기가 발산됩니다. 오룡차를 마신 후에 엽저^{葉底}를 살펴보면 잎의 가장자리가 중심부에 비해 붉게 변해있는 것을 확인할 수 있습니다. 정치는 찻잎을 펼쳐놓고 열을 식히는 작업입니다. 일정 온도 이상으로 올라가면 찻잎이 상하기 때문에 요청을 멈추고 열을 식혀야 합니다. 요청과 정치를 반복하여 찻잎의 변화가 원하는 상태에 이르면 더 이상 변하지 않도록 즉, 산화효소가 작용하지 못하도록 살청을 합니다. 고온으로 초청^{炒青}(솥에서 살청)한 후에 유념과 건조를 거치면 차가 완성됩니다.

완성된 차를 보면 대홍포는 구불구불한 모양인데 철관음은 잠자리 눈과 같은 모양을 하고 있습니다. 손으로 말아서 그 많은 양을 생산하기는 힘들어 보입니다. 철관음은 유념한 후에 차를 한 가득 보자기에 넣고 눈뭉치를 다독이듯이 온 힘을 다해 축구공처럼 싼 것을 통째로 돌려서 모양을 만듭니다. 이 과정을 포유^{包揉}라고 합니다. 철관음은 무겁기는 철과 같고 모양은 관음^{觀音}과 같다하여 청의 건륭제^{乾隆帝}가 내려준 이름입니다. 대홍포의 구수한 향에 비해 철관음은 대표적으로 난^蘭꽃과 같은 향을 가지고 있습니다.

단언컨대 오룡차의 매력은 향^香입니다. 차에서 한 번에 여러 가지 향을 느낄 수 있고, 같은 차인데 향의 종류를 다르게 하여 즐길 수 있습니다. 분명 특별할 것 없는 나무의 잎일 뿐인데 사람의 손을 거치면 향이 허브로 변하고, 꽃으로 변하고, 과일로 변합니다. 그리고 우유도 되었다가 꿀도 됩니다. 마치 요정처럼 마법 같은 재주를 부리는 사람들이 사는 나라, 신비한 향을 품은 차가 생산되는 나라, 쿠빌라이를 두고 신비한 나라를 다스리는 황제라고 한 것은 단순한 상상이 아닙니다.

여섯 잔_ 명 주원장의 차

황제의 이름

어쩌다 차별 아닌 차별을 하게 되었습니다. 갑자기 이름이 등장합니다. 명明 태조太祖도 아니고 홍무제洪武帝도 아니고 주원장朱元璋(1368-1398년 재위)입니다. 송 휘종과 청 강희제康熙帝 사이에서 차별을 받고 있습니다. 쿠빌라이도 본명이지만 뒤에 칸이라는 호칭이 있는데 반해 주원장은 그냥 주원장입니다. 특별한 이유는 없습니다. 제게 익숙한 것을 사용할 뿐입니다.

여기서 태조는 묘호廟號, 홍무는 연호年號입니다. 묘호는 황제가 죽은 뒤에 공덕을 기리며 올리는 것이고, 연호는 연도를 표시함과 동시에 황제의 정치적 지향점을 나타냅니다. 그동안 한 황제가 여러 개의 연호를 사용했지만, 주원장부터 재위기간 중에 하나의 연호만 사용하는 일세일원一世一元을 시작했습니다. 뒤에 만날 강희제의 강희康熙도 연호입니다. 끝으로 시호諡號는 평생의 업적을 압축한 것입니다. 주원장의 시호는 開天行道肇紀立極大聖至神仁文義武俊德成功高皇帝개천행도조기입극대성지신인문의무준덕성공고황제입니다. 얼핏 봐도 좋은 뜻의 글자가 길게 줄지어 있습니다. 줄이면 고황제高皇帝입니다. 청나라의 학자는 그를 두고 성현의 면모와 호걸의 기풍 그리고 도덕적 성품을 동시에 지닌 사람이었다고 평가했습니다. 이 모든 것이 주원장을 가리키는 말, 또 다른 이름입니다.

주원장은 원나라가 망해가는 혼란기에 떠돌이 소작농의 막내아들로 태어났습니다. 흔히 말하는 찢어지게 가난한 집에서 태어났습니다. 그러나 그마저도 얼마 누리지 못합니다. 기근과 역병으로 부모를 잃고 형제들과 헤어진 주원장은 절에 몸을 의탁했지만 실상은 비렁뱅이 떠돌이였습니다. 몇 년 간 떠돌이 탁발승 생활을 이어가던 중에 홍건적紅巾賊 곽자흥郭子興의 수하가 됩니다. 홍건적의 난은 백련교도와 미륵교도 세력이 중심이 되어 머리에 붉은 두건을 쓰고 일으킨 농민반란입니다.

능력자 주원장은 짧은 시간 안에 군대의 2인자 자리에 오릅니다. 그보다 중요한 일은 훗날 황후가 되는 곽자흥의 양녀 마馬씨와 혼인한 것입니다. 역사상 최고의 황후로 손꼽히는 마황후馬皇后는 주원장의 훌륭한 정치적 조력자였고, 주원장도 그녀를 늘 존중했다고 합니다. 주원장은 곽자흥이 죽은 뒤에 그의 아들을 보필하는 척하며 1인자의 권한을 행사했습니다. 꾸준히 자신의 군대를 키운 주원장은 홍건적의 3대 세력 중 하나로 성장합니다.

세상 사람들은 진우량^{陳友涼} 또는 장사성^{張士誠}의 군대가 강남 지역을 차지할 것이라고 생각했습니다. 그들에 비해 주원장의 군대는 병력이 강하지도 않고 재정이 풍부하지도 않았기 때문입니다. 그러나 그의 곁에는 난세에도 끊임없이 학문을 갈고 닦은 강남 지역의 선비들이 있었습니다. 주원장은 진우량과 장사성처럼 선비들을 홀대하지 않았습니다.

선비들은 그에게 명분을 뚜렷이 하고 민심을 잡아야한다고 조언했습니다. 그리고 또 하나의 중요한 조언을 합니다. 당장 원나라 군대와 맞설 것이 아니라 강남부터 확실하게 평정해야 한다는 것입니다. 주원장은 약 10여 년 동안이나 원나라와 홍건적의 전투에는 힘을 보태지 않고 강남에서 자신의 세력을 늘리는 데 주력했습니다. 그 동안 원나라와 홍건적의 군대는 계속된 싸움으로 양쪽 모두 세력이 약화됩니다.

당시 강남에서 거두어들이는 세수는 나라 살림의 대부분을 책임졌습니다. 누구든 주원장이 강남을 차지하도록 그대로 둘 리가 없습니다. 진우량과 장사성은 힘을 합쳐 주원장을 제거하기로 합니다. 25세에 홍건적의 말단 군인부터 시작한 주원장은 그들의 협공을 물리치고 불혹의 나이에 강남을 평정합니다. 그리고 일 년 후,

남경^{南京}에 도읍을 정하고 명^明을 건국합니다. 이제는 북쪽을 차지하고 있는 원나라 군대를 몰아낼 일만 남았습니다. 주원장의 20만 군대와 마주한 원나라 군대는 힘도 제대로 써보지 못하고 그들의 고향으로 올라갑니다. 명나라 군대는 칭기스 칸이 대도를 점령한 지 약 150여 년 만에 그 곳을 다시 한족의 땅으로 만들었습니다.

황제의 감시와 믿음

강산을 되찾았으니 정치, 사회, 군사, 문화 등 모든 면에서 북방 이민족의 잔재를 청산하고 중화를 회복하는 것이 주원장의 과업입니다. 문·무의 최고 통치권을 황제가 가지도록 정부조직을 개편하고, 과거제를 실시하여 사대부들에게 길을 열어주었습니다. 사람들의 옷차림과 머리모양도 한족 스타일로 바꾸었습니다. 농업을 국가의 기반으로 삼고 농민의 생활수준을 향상시키기 위해 노력했으며, 원대에 성행했던 상업은 최소한만 허용하여 화폐의 유통과 대외 무역을 대부분 금지시킵니다. 그리고 조선의 『경국대전^{經國大典}』에 영향을 준 『대명률^{大明律}』을 집대성하여 반포합니다.

민생안정과 부국강병을 위한 주원장의 업적은 실로 많습니다. 그러나 업적에 비해 평판이 좋지 못한 것은 그의 독재 때문입니다. 그는 신하를 감시하는 첩보조직을 만들었습니다. 그리고 왕조의 기반을 다지는 것에 해가 되는 것은 가차 없이 제거했습니다. 그에게 면죄부라는 것은 존재하지 않았습니다. 개국공신은 물론이거니와 홍건적 시절에 자신에게 충언했던 선비들까지 모두 목숨을 잃었습니다. 사건에 얽히고 설혀 처형된 사람이 수만 명에 이릅니다. 『대명률』에 잔인한 처형 방식이 많이 추가된 것은 분명 황제의 뜻을 거스르지 말라는 경고일 것입니다.

주원장은 가난한 소작농의 아들로 태어나 나라를 세우고 만인지상^{萬人之上}이 되었습니다. 정말 엄청난 일입니다. 그러나 그에게는 힘겨운 하루하루를 살아낸 옛 시절이 콤플렉스였나 봅니다. 스스로 자신의 출신을 드러내는 데는 주저함이 없었지만, 그때를 연상시키는 문자를 사용한 자는 어김없이 처형장으로 보내버렸습니다. 통치 기간 동안 문자의 옥^{文字-獄}이라는 사상 검열은 날이 갈수록 심해졌습니다. 《의천도룡기^{倚天屠龍記} 2019》 후반부에는 주인공 장무기^{張无忌}의 수하로 등장해서 점차 중요 세력으로 성장해가는 주원장을 볼 수 있습니다. 세월도 많이 지났고 픽션이니까 영상의 옥을 당하는 일은 없겠지요?

주원장은 30년을 황제의 자리에 있으면서 권력을 자신에게 집중시켰습니다. 첩보조직을 통해 신하들을 감시하고 황제의 뜻을 거스르거나 나라에 해가 될 만한 것들은 여지를 남기지 않고 제거했습니다. 그러나 자신처럼 혼자 모든 일을 감당하는 것은 괴로우니 신하를 믿고 일해야 한다는 말을 후손에게 남겼습니다. 늘 감시하며 살던 황제가 사람간의 믿음을 교훈으로 남겨줍니다. 그가 세운 명나라는 약 300년간 이어집니다.

주원장과 차

주원장의 출신 성분은 소작농의 아들이고 통치 정책은 농본억상 農本抑商입니다. 그는 1391년에 단차團茶 폐지령을 내립니다. 황실에 보내는 차를 만드느라 힘든 농민의 고통을 덜어주기 위해 단차의 생산을 금지하고, 단차보다 제다법이 간단한 산차散茶를 진상하도록 명한 것입니다. 주원장이 명나라를 건국한 해는 1368년이고, 그가 생을 마감한 해는 1398년입니다. 해가 스무 번 이상 바뀐 후에라도 백성의 고충을 알아주니 감사한 일이지만 여기까지 하겠습니다. 어찌되었건 나랏일에도 순서가 있겠지요.

황제의 명이 있었으니 단차를 생산할 수도 없었지만, 상류층을 따라 일반 백성들 사이에서도 산차가 유행하면서 생산이 더욱 활성화됩니다. 단단하게 뭉쳐져 있는 차團茶의 형태에서 찻잎이 하나씩 흩어져있는散茶 형태로 변하면서 많은 것이 바뀝니다. 가장 큰 변화는 제다법과 음다법飲茶法입니다.

초청炒青 제다법의 활성화는 육대다류 탄생의 계기가 됩니다. 뜨거운 솥 안에서 차를 덖어 만든 산차는 차가 가진 본래의 맛과 향기를 살리는데 유리합니다. 명나라 말기에는 홍차와 오룡차의 제다법이 개발되면서 더욱 다양한 차가 생산되었습니다. 뿐만 아니라 송대에 시작된 화차花茶의 가공도 성행하여 새로운 꽃으로 화차를 만들었습니다. 맛과 향의 다양성은 취향을 만듭니다. 덕분에 취향을 즐기고 존중하는 행복한 차 생활을 누릴 수 있게 되었습니다.

다음은 음다법입니다. 차를 1)부수고 2)가루로 만들어 3)체에 친 후 4)잔에 담고 5)물을 부어 6)차선으로 거품이 나도록 개어서 마시던 방법에서, 차를 1)차호에 넣고 2)물을 붓고 3)알맞게 우려내어 마시는 방법으로 변합니다. 전자를 점다법點茶法, 후자를 포다법泡茶法이라고 합니다. 산차의 생산이 활성화되면서 포다법이 유행합니다. 포다법은 방법이 간단하고 차의 향을 잘 유지하기 때문에 명.청대에 널리 사용된 음다법입니다.

점다법과 포다법 외에 대표적인 음다법이 하나 더 있습니다. 차를 끓여서 마시는 전다법煎茶法입니다. 끓일 때 파, 생강, 소금 등을 첨가했는데 육우는 다른 재료는 차의 맛을 해친다며 소금만 넣어 끓였습니다. 이후에는 소금도 넣지 않고 차만 끓여마셨습니다.

2008년에 개봉한 영화 《적벽대전赤壁大戰 : 거대한 전쟁의 시작》에 소교小喬가 조조와 마주 앉아 차를 끓이며 시간을 보내고 있습니다. 바람의 방향이 동남풍으로 바뀌자 소교는 차가 넘치도록 채운 잔을 비우며 우아하게 조조에게 선전포고를 합니다. 스릴도 있고 운치도 있는 장면입니다.

煎茶法　　　　　點茶法　　　　　泡茶法

음다법은 전다법[당], 점다법[송], 포다법[명] 순으로 유행합니다. 명대에 일반화 된 포다법은 지금도 가장 널리 사용되는 음다법입니다. 차를 차호에 넣고 물에 우리기만 하면 되니 얼마나 간편한지 모릅니다. 그러나 마음을 바꾸면 점다법도 복잡하지 않습니다. 차를 다완에 넣고, 물을 붓고, 차선으로 격불하면 끝입니다. 도깨비 방망이처럼 생긴 격불하는 기계도 있습니다. 상황에 따라 취향에 따라 얼마든지 행다의 방식은 변경 또는 생략할 수 있습니다. 형태든 마음이든 결국 사람이 결정하는 것입니다.

《일일시호일日日是好日》의 다케다 센세先生는 '다도란 처음에 형태를 잡고 거기에 마음을 담는 것'이라고 말합니다. 주원장이 신하를 의심하고 감시했던 것은 나라의 형태를 만드는 과정이고, 후손에게 신하를 믿으라는 말을 남긴 것은 이제는 마음을 담을 만큼 형태가 잡혔다는 뜻일지도 모르겠습니다.

일곱 잔_ 청 강희제의 차

가장 위대한 황제

그가 강희제^{康熙帝}(1661-1722년 재위)입니다.

강희제는 만주족^{滿洲族}입니다. 수많은 한족 황제를 제치고 중국 역사상 가장 위대한 황제로 뽑혔습니다. 도대체 얼마나 대단한 업적을 쌓았을까요?

청은 중국의 마지막 왕조입니다. 1616년에 누르하치^{愛新覺羅 努爾哈赤, Nurhachi}가 여진족^{女眞族}을 통일하고 스스로 칸에 올라 나라를 창건합니다. 금나라의 뒤를 잇는다는 의미에서 국호를 금^金으로 하고, 여진의 이름도 만주^{滿洲}로 바꿉니다. 이제 누르하치의 군대는 명나라로 향합니다. 그는 1618년에 시작한 명나라 정복전쟁에서 성공도 실패도 얻지 못했습니다. 승승장구하다가 첫 패배를 경험한 전투에서 입은 총상이 악화되어 1626년에 사망합니다.

이제 대업은 후손의 몫이 되었습니다. 여덟 번째 아들인 숭덕제^{崇德帝}가 칸에 올라 1636년에 국호를 청^淸으로 바꿉니다. 조선을 침공하여 병자호란을 일으킨 장본인입니다. 그도 대업을 완수하지 못한 채 뇌출혈로 사망합니다. 숭덕제의 아홉 번째 아들인 순치제^{順治帝}가 1644년에 북경^{北京}을 점령하고 명나라를 완전히 멸망시켜 대업을 완수합니다. 이후 청의 네 번째 황제 강희제가 곳곳에서 청에 대항하던 세력들을 평정하고 나라의 기틀을 세워 훗날 건륭제^{乾隆帝}까지 이어지는 태평성대를 열었습니다.

강희제의 이름은 애신각라 현엽^{愛新覺羅 玄燁}입니다. 순치제의 셋째 아들로 태어나 8세에 황제가 됩니다. 어린 강희제의 곁에는 부황의 유언에 따라 4명의 섭정이 있었습니다. 강희제는 섭정들의 눈을 피해 또래들과 어울리며 그들을 황제의 결사대로 키웁니다. 단순히 또래들과 즐기기만 한 어린 황제의 놀이가 아니었습니다. 서서히 힘을 기르며 준비해 온 강희제는 16세에 섭정 세력을 제거하고 천하의 진정한 주인이 됩니다.

왕조의 안정을 위해서는 불필요한 황위 다툼을 줄이는 후계자 결정이 중요합니다. 강희제는 적장자를 후계로 삼는 중국식 제도를 도입하고 황제가 후계자를 결정하는 권한을 행사하도록 바꿉니다. 그러나 후계를 결정하는 문제는 다음 황제인 옹정제^{雍正帝}가 매듭을

짓습니다. 참고로 옹정제는 강희제의 넷째 아들입니다.

　강희제는 이민족에 대한 차별을 철폐하고 만주족과 한족의 동화를 위해 노력했습니다. 그들에게 자신부터 학문으로써 존경을 받기 위해 동·서양의 학문을 두루 익혔습니다. 신하들과 경전을 읽고 토론하는 경연을 게을리 하지 않았으며, 선교사들을 곁에 두고 서양 학문도 익혔습니다. 기하학부터 수학, 의학, 철학, 그리고 서양인들도 힘들다는 라틴어까지 두루 익혔습니다. 선교사들도 강희제를 칭찬하며 누구보다 유능하고 현명한 황제라고 기록했습니다. 보통 문무 중에서 한쪽으로 치우치기 마련인데, 강희제는 학문에 심취하여 무예를 등한시 하는 사람이 아니었습니다. 문무를 겸비하기 위한 그의 노력이 얼마나 대단한지 느껴집니다.

　대규모 반란을 일으킨 삼번三藩 세력을 토벌하기 위해 황제가 직접 출병했습니다. 삼번이란 청의 통치권은 인정했지만 각자의 지역에서 막강한 세력을 행사하고 있던 운남, 광동, 복건 지역을 말합니다. 강희제는 최전선에서 그들과 대적하여 굴복시키고, 몽골과 티베트도 직접 출병하여 청에 복속시킵니다. 20년 이상 대만을 점거하고 있던 세력은 명을 내려 토벌합니다. 정복전쟁은 계속되어 그의 손자 건륭제는 중국 역사상 가장 큰 영토를 다스렸습니다.

　강희제가 황제가 된 나이는 8세입니다. 그는 슬하에 아들 35명, 딸 20명을 두고 69세로 사망합니다. 무려 통치기간이 61년입니다. 그는 백성들에게 성군이었습니다. 언제나 소박하고 검소한 생활로 타의 모범이 되었으며 공익을 먼저 생각했습니다. 강희제는 몸을 아끼지 않고 최선을 다해 죽는 날까지 힘쓴다는 마음으로 살았습니다. 집권 초기에는 소박하고 검소한 생활로 모범을 보이다가 말기에는 초심을 잃고 나태해지는 황제가 많았습니다. 그러나 강희제는 끝까지 초심을 잃지 않고 유지했습니다. 어린 나이에 황제가 되어 끊임없는 노력으로 죽을 때까지 초심을 지키는 그 어려운 것을 해냈으니, 중국 역사상 가장 위대한 황제로 손꼽히는 것은 지극히 당연해 보입니다.

황제의 롤 모델

강희제에서 옹정제 그리고 건륭제(1736-1796년 재위)로 이어지는 130여 년의 통치기간을 강건성세康乾盛世라고 합니다. 당 태종과 현종이 이룬 황금시대처럼 청나라의 최전성기입니다. 『사고전서四庫全書』를 편찬한 황제로 잘 알려진 건륭제는 강희제의 손자입니다. 그의 롤 모델은 아버지인 옹정제가 아니라 할아버지 강희제였습니다.

건륭제는 강희제의 위업을 이어받아 정치, 경제, 군사, 문화 등 국사 전반에 걸쳐 강력한 국가를 만들었습니다. 그리고 원나라 이후 중국 역사상 최대의 영토를 이룩했습니다. 늘 할아버지를 본받으려고 애썼던 건륭제는 자신이 조부보다 황위에 오래 앉아 있을 수 없다며, 60년이 되던 해에 아들 가경제嘉慶帝에게 황위를 물려줍니다. 외압에 의해 어쩔 수 없이 물러난 것이 아니라 스스로 태상황이 된 것입니다.

건륭제는 옹정제의 넷째 아들입니다. 앞서 나온 황제들처럼 그도 적장자가 아닙니다. 어떤 방법으로 건륭제가 황위에 올랐는지는 뒤에 기술하겠습니다. 옹정제가 후계자로 건륭제를 공식화한 적은 없지만 건륭제는 제왕으로 길러진 황제입니다. 강희제와 옹정제는 건륭제의 자질을 알아보고 직접 교육을 시키기도 했습니다.

건륭제는 선대로부터 강력한 뒷받침을 받고 제위에 올랐기 때문에 집권 초기부터 상당히 안정적이었습니다. 그는 할아버지처럼 만주족과 한족의 융합을 도모하고 국가 재정과 군사력을 튼튼히 했습니다. 학자와 예술가를 우대하고 그들과 토론하는 것을 즐겼으며 서양의 선교사들에게도 우호적이었습니다. 자신이 직접 출병한 원정에서 모두 승리한 그는 평소에 시·서·화를 즐기는 인물이었습니다.

큰 키에 바른 자세, 활달한 성격, 강건한 체력, 청빈한 생활습관을 지녔으며, 학문과 예술을 사랑하는 건륭제야말로 지덕체를 겸비한 이상적인 황제였습니다. 외모, 성격, 능력 어느 것 하나 빠지지 않는 건륭제는 백성들에게 가장 사랑받은 황제입니다. 그러나 그에게도 힘든 것이 있었습니다. 늘 할아버지를 본받기 위해 애썼지만 할아버지처럼 끝까지 초심을 지키지 못했습니다. 치세 말년에는 사치와 부패로 얼룩지면서 나라가 점점 기울게 됩니다.

강희제와 차

절강성^{浙江省} 항주시^{杭州市}에 있는 서호^{西湖} 주변의 산에는 유명한 녹차가 생산됩니다. 강희제가 공차로 지정한 서호용정^{西湖龍井}입니다. 건륭제도 용정차의 맛에 반해 차나무 18그루에 벼슬을 내렸습니다. 용정차라는 이름은 원나라 때부터 사용하기 시작했습니다. 차가 재배되는 곳에 있는 용정^{西湖}이라는 샘물의 이름을 따서 붙여진 이름입니다. 살짝 노란빛이 돌고 납작하게 눌려진 모양이 용정차의 특징입니다.

1아1엽을 채취한 후 실내에서 탄방^{攤放}을 진행합니다. 탄방은 수분을 고르게 하고 풍부한 향을 만들며, 일부 화합물을 약하게 산화시켜 차의 쓴맛을 감소시킵니다. 이 과정에서 엽록소가 약간 손상되어 노란색 성분이 증가됩니다. 그런 다음 솥에 덖고[青鍋^{청과}] 식히고[回潮^{회조}] 다시 덖어 모양을 만듭니다[輝锅^{휘과}]. 체질을 한 [分篩^{분사}] 후에 한 번 더 솥에 덖어서 등급별로 차의 색과 향을 일치시켜[挺長頭^{정장두}] 완성합니다. 용정차의 빳빳하고 납작한 모양은 솥에서 손으로 찻잎을 눌러 만듭니다. 여러 차례 솥에서 차를 덖는 동안 모양이 만들어지고 건조도 이루어집니다.

은빛 솜털이 온 몸을 감싸고 있는 벽라춘^{碧螺春}도 강희제와 인연이 있는 녹차입니다. 벽라춘은 강소성^{江蘇省} 소주시^{蘇州市} 태호^{太湖} 연안의 동정산^{同庭山}에서 생산됩니다. 제다과정이 완료될 때까지 차는 솥을 떠나지 않고 손은 차를 떠나지 않습니다. 맨손으로 차를 솥에서 수백 번 덖습니다. 제다과정은 채엽, 살청, 유념, 차단현호, 건조로 이루어집니다. 유념과 차단현호搓团显毫 과정을 통해 소라처럼 말려있는 형태를 만듭니다. 유념은 찻잎을 흔들면서 솥에서 비비고, 차단현호는 찻잎을 흩고 모으기를 반복하면서 손으로 계속 비비는 것입니다. 수분이 약 90% 정도 증발하면 솥에 종이를 깔고 그 위에 찻잎을 올려서 건조합니다.

벽라춘의 옛 이름은 혁살인향嚇煞人香이었습니다. 사람을 죽일 정도로 향이 좋아서 붙여진 이름입니다. 차를 맛본 후에 차의 이름과 맛이 어울리지 않는다며 강희제가 벽라춘이라는 이름을 내려줍니다. 차의 색깔은 벽록색碧綠色, 모양은 나선형螺旋形, 생산되는 곳은 동정산의 벽록봉 아래라는 뜻입니다.

자신이 만든 차 앞에 황제의 프리미엄이 붙기 전에도 차농들은 어제와 다르지 않은 마음으로 정성을 다해 차를 만들었을 것입니다. 차를 만드는 초심을 잃지 않았기에 사람들에게 꾸준히 사랑받을 수 있었고, 그 힘으로 대를 이어가며 꾸준히 생산할 수 있었을 것입니다. 그러던 어느 날, 하늘의 신하가 되어 천하를 다스린다는 사람에게서 새로운 이름을 얻고 벼슬도 얻은 것은 로또 마냥 운이 좋았던 것이 아닙니다. 당연한 결과를 얻은 것입니다.

여덟 잔_ 청 옹정제의 차

밀지 한 쌍

옹정제^{雍正帝}(1722-1735년 재위)는 밀지 한 쌍을 남겼습니다.

과연 어떤 내용을 남겼을까요? 밀지에는 왠지 모를 설렘과 두려움이 있습니다. 그리고 **빰빰빠밤 빰빰빠밤**이 자동 재생되는 톰 크루즈 주연의 영화 《Mission: Impossible》 때문에 내용을 확인하고 나면 왠지 폭파될 것 같습니다. 그만큼 밀지에 적힌 내용은 파급력이 크다는 뜻이겠지요? 그렇다면 황제가 남긴 밀지 한 쌍은 어떨까요?

강희제는 황위 계승 문제를 매듭짓고자 적장자가 대를 잇는 중국식 제도를 택했습니다. 그러나 황태자를 미리 정하면 황위 계승

다툼은 줄일 수 있지만, 자리를 보장받은 황태자가 나태해진다거나 황제와 대립되는 권력 구도를 형성하는 문제점이 생깁니다. 실제로 강희제는 그것을 풀코스로 경험합니다. 그는 자신이 선택한 황태자를 폐위시키고 차기 황제를 공식화 하는 제도를 잠정 포기합니다. 그러나 황제가 후계자를 선출하는 권한은 포기하지 않았습니다. 자신의 뜻을 밀지에 남겼습니다. 일설에 따르면 밀지의 내용은 14황자였는데, 내용을 조작하여 4황자가 황위를 이어 받았다고 합니다. 옹정제가 바로 강희제의 4황자입니다.

옹정제는 황위에 오른 후에 형제들을 처리합니다. 황제를 꿈꾸던 그들을 하루아침에 서민으로 만들어 버립니다. 권신들을 숙청하고 조직을 개편하여 황제의 독재 권력을 확립합니다. 부황이 총애하던 집안도 예외 없이 죄를 물었습니다. 신하된 입장에서는 황제의 독재만 해도 힘들 텐데, 근면한 황제의 독재는 얼마나 힘들었겠습니까?

옹정제는 근면한 황제였습니다. 그는 문무 관료들에게 훈칙을 내리고 폐단을 열거하면서 철저하게 시정할 것을 요구했습니다. 그리고 재상들의 권력을 약화시키고 그들이 결재하던 문서를 직접 검토했습니다. 지방의 실정을 알기위해 지방관들의 공식 보고 외에 황제만 볼 수 있는 비밀 보고 체계를 만들었습니다. 옹정제는 일일이 문서를 검토한 후에 직접 붉은 글씨로 첨삭하여 지시와 훈계를 내렸습니다. 겨우 4~5시간 정도였던 잠자는 시간을 제외하고 나머지 시간은 온통 정무에 쏟았습니다. 강희제와 건륭제에 비해서는 무척 짧아 보이는 13년간의 통치기간이지만, 나라의 내실을 단단히 다진 황제입니다. 성군 옹정제는 강희제가 차린 밥상에 음식을 채우고 밀지를 얹어 아들 건륭제에게 물려줍니다.

아들이 아니어도 받아보고 싶은 밥상입니다. 밀지의 내용을 알 수 없기 때문에 위험부담은 있습니다만, 그래도 한 번 받아서 열어보고 싶습니다. 옹정제는 밀지에 천하를 남겼습니다. 차기 황제의 이름을 써서 자금성 건청궁^{乾淸宮}의 정대광명액^{正大光明額} 뒤에 넣어두었습니다. 그리고 같은 내용을 내무부에 하나 더 남겨두고, 황제가 죽은 후에 개봉하여 두 군데에 적힌 이름을 서로 맞춰보도록 했습니다. 이것을 태자밀건법^{太子密建法}이라고 합니다.

황제의 후계 선출 권한도 행사하고 불필요한 황위 다툼도 줄일 수 있는 제도입니다. 누군가가 이미 차기 황제로 정해져있을 수도 있고, 그 반대일 수도 있습니다. 덕분에 황자들은 끊임없이 경쟁하고 노력해야 합니다. 그리고 능력만 있다면 누구나 밥상을 받을 수 있는 가능성이 열려있습니다. 옹정제가 처음 시행한 제도는 아니지만, 측천무후와 함께 중국 3대 악녀 중 한명으로 불리는 서태후^{西太后}를 후궁으로 맞은 함풍제^{咸豊帝}까지 밀지가 올려 진 밥상을 받았습니다.

옹정제와 차

밥상 가득히 차린 음식을 먹으면 배도 부르고 기분도 좋지만 적당히 먹지 않으면 살 때문에 걱정거리가 생깁니다. 죽을 만큼 운동하고 죽지 않을 만큼 먹으면 살이 빠진다는 것을 알고 있지만 그게 어디 보통일입니까? 그런데 말입니다. 차는 다이어트에 도움을 줍니다. 도움을 주는 것과 눈에 띄는 효과로 나타나는 것은 별개의 문제지만, 일단 차는 분명 다이어트에 도움을 줍니다. 문제는 차에 의지하여 다식^{茶食}을 배로 먹는 사람의 욕심입니다. 저의 욕심이라고 정정하겠습니다.

다이어트 보조제에도 유행이 있습니다. 녹차에서 마테차로, 마테차에서 커피 생두로, 그리고 보이차까지 왔습니다. 이들은 폴리페놀 성분을 가지고 있는 공통점이 있습니다. 항바이러스, 항암, 항노화, 항산화 등의 효능이 있는 폴리페놀 성분은 체지방 감소에 도움을 줍니다.

보이차를 홍보할 때 효능과 더불어 반드시 거론되는 이야기가 있습니다. 중국 황실에 납품되어 사랑받았다는 것입니다. 보이차는 바로 옹정연간에 황실의 공차가 됩니다. 앞서 살펴본 차들에 비해서는 공차가 된 역사가 길지 않습니다. 그러나 누군가에게 사랑받음에 있어 시간의 길고 짧음은 중요하지 않습니다.

옹정제는 도자기에도 관심이 많았습니다. 황궁 내에서 직접 실험

하여 새로운 안료를 개발하고, 궁정화가들이 그리는 경우가 대부분이었던 문양 시문을 지시하기도 했습니다. 황제 자신이 예술품에 대한 안목이 높았기 때문에, 이때 생산된 경덕진景德鎮 자기는 기술적으로 완벽하다는 평가를 받고 있습니다. 경매에 나오는 옹정·건륭 연간의 자기들은 뒤에 붙은 동그라미를 모두 세려면 한참을 앞으로 가야합니다.

보이차

중국 역사는 운남雲南 지역이 중국의 영토가 아닐 때에도 운남의 음다풍습에 대해 기록했습니다. 운남은 원나라 때 중국의 영토가 되는데, 지명이 보이부普耳府로 변경되면서 운남에서 생산되는 차를 보차普茶라고 불렀습니다. 명나라 때 보차를 보이차普耳茶라고 부르고, 만력萬曆연간(1573-1620년)에 耳를 洱로 바꿔 普洱茶보이차라는 명칭이 현재까지 이어지고 있습니다.

보이차는 1729년에 황실의 공차가 됩니다. 황제보다 서태후가 더 유명한 함풍咸豊연간(1850-1861년)에는 夏喝龍井冬飲普洱하갈용정동음보이라고 하여, 황실 사람들은 여름에는 용정차를 마시고 겨울에는 보이차를 마셨다고 합니다. 보이차는 청나라 황실을 방문한 외국 사절단에게 황제가 하사하는 선물 중 하나였습니다.

중국은 보이차 산업을 보호하기 위해 운남성의 지리표시보호범위 내의 원료를 가지고 운남성에서 생산하도록 규정했습니다. 따라서 보이차는 운남성 내에서, 운남대엽종雲南大葉種으로 만든 쇄청모차晒青毛茶를 원료로 하여, 특정한 가공과정을 통해 독특한 품질을 형성한 차를 말합니다. 차나무는 잎의 크기에 따라 소엽종小葉種, 중엽종中葉種, 대엽종大葉種으로 구분하며, 대엽종은 다자란 찻잎이 사람의 손바닥보다 큰 품종입니다.

보이차의 원료는 쇄청모차입니다. 쇄청晒青은 햇볕에 건조하는 것 그리고 모차毛茶는 가공하지 않은 차 즉, 미완성인 차를 뜻합니다. 쇄청모차(줄여서 모차)는 채엽, 위조, 살청, 유념, 쇄청건조 과정으로 만들며, 이를 다시 가공하여 보이차를 만듭니다. 보이차는 크게 보이생차普洱生茶(줄여서 생차)와 보이숙차普洱熟茶(줄여서 숙차)로 나눕니다. 모차를 긴압緊壓, 건조 순으로 가공하여 만든 생차는 세월을 두고 천천히 미생물에 의해 자연적으로 발효됩니다. 숙차는 인공적으로 쾌속발효 시킨 것으로 모차를 악퇴渥堆, 긴압, 건조 순으로 가공합니다. 즉, 악퇴 과정이 추가됩니다.

악퇴는 모차를 쌓아놓고 미생물을 증식시켜 발효를 촉진하는 것으로 물을 뿌려서 적당한 습도와 온도를 유지시키기 때문에 조수악퇴潮水渥堆라고도 합니다. 1970년대에 개발된 기술이며 모차의 발효 정도에 따라 40일에서 60일 정도 진행합니다. 차는 산화 또는 발효되면서 폴리페놀 성분이 변하여 Theaflavin茶黃素[노란색],

Thearubigin^{茶紅素}[붉은색], Theabrownin^{茶褐素}[갈색] 등의 성분이 만들어집니다. 이중 보이차의 특징적인 맛과 향을 형성하는 주요 성분 중 하나인 Theabrownin은 주로 미생물의 활동으로 생성됩니다. 보이차 제다과정을 간단히 정리하면 다음과 같습니다.

```
            [모차]            ↗    (긴압)→건조  ⇨  생차
   위조→살청→유념→쇄청건조   ↘   악퇴→(긴압)→건조  ⇨  숙차
```

긴압은 모양을 만드는 과정으로 차의 외형을 아름답게 하고 운송과 보관을 용이하게 합니다. 일시적으로 증기를 쬐어 부드러워진 찻잎에 힘을 가해 덩어리 형태로 만들며, 긴압하지 않은 차는 산차^{散茶}라고 합니다. 산차는 주원장 편에서 본 용어입니다. 보이차는 긴압한 형태에 따라 병차^{餅茶}, 전차^{塼茶}, 방차^{方茶}, 긴차^{緊茶}, 타차^{沱茶} 등으로 나눕니다.

병차는 보이차라고 하면 일반적으로 떠올리는 둥근 원반 모양입니다. 전차는 직사각형의 벽돌 모양, 방차는 정사각형 모양입니다. 긴차는 버섯모양이며 마지막으로 타차는 밥공기를 엎어 놓은 듯 중간이 오목하게 패인 반원 모양입니다.

정리하면 보이차는 운남대엽종으로 만든 쇄청모차를 원료로 운남성 내에서 특정 가공과정으로 생산하며, 악퇴 여부에 따라 숙차와 생차로 구분합니다. 긴압 여부에 따라 긴압차와 산차로 구분하며, 긴압 된 형태에 따라 병차, 전차, 방차, 긴차, 타차 등으로 나뉩니다. 흔히 보이차를 숙병 또는 청병靑餅(또는 생병)으로 구분하는 것은 병차 형태가 일반적이기 때문입니다. 생차와 숙차 모두 오랜 기간 보관이 가능하며 시간의 흐름에 따라 맛과 향의 변화를 느낄 수 있습니다. 보이차는 사람이 살기 좋은 환경에 보관하면 됩니다. 다른 차처럼 반드시 밀봉 보관해야 하는 것은 아니지만 차에 악취가 배지 않도록 주의해야 합니다.

보이차와 흑차

천량차

차의 모양 이야기를 읽다보면 문득 머릿속에 죽부인처럼 생긴 커다란 차가 떠오를지도 모릅니다. 바로 호남성湖南省 안화安化에서 생산되는 흑차류인 천량차千兩茶입니다. 차의 무게가 천량이기 때문에 붙여진 이름이며, 약 36~37Kg 정도 됩니다. 천량차와 중량만 다르게 하여 생산하는 백량차와 십량차도 있습니다. 그렇다면 보이차는 육대다류 중 어디에 속할까요? 보이차도 흑차류에 속합니다. 보이차 외에 호남성의 천량차와 복전^{茯砖}, 호북성의 노청전^{老青砖}, 사천성의 강전^{康砖}, 광동성의 육보차^{六堡茶} 등이 유명합니다. 그러나 보이차를 흑차류에 포함시키는 것에는 이견이 있습니다. 제다과정 상에 큰 차이점이 있기 때문입니다.

```
흑    차 ⇨ 채엽 → 살청 → 유념 →              악퇴 → 건조
보이생차 ⇨ 채엽 → 살청 → 유념 → 쇄청건조 →             건조
보이숙차 ⇨ 채엽 → 살청 → 유념 → 쇄청건조 → 악퇴 → 건조
```

주로 거친 잎을 원료로 하는 흑차는 채엽, 살청, 유념, 악퇴, 건조 과정으로 만듭니다. 그러나 보이숙차는 채엽, 살청, 유념, 쇄청건조(여기까지 모차 제다과정), 악퇴, 건조 과정으로 만듭니다. 즉, 흑차의 유념과 악퇴 사이에 쇄청건조 과정이 들어갑니다. 보이생차는 채엽, 살청, 유념, 쇄청건조(여기까지 모차 제다과정), 건조 과정으로 만듭니다. 보이생차 역시 흑차에 없는 쇄청건조 과정이 있으며, 흑차에 있는 악퇴 과정은 없습니다. 이와 같이 보이차는 흑차와 기본적인 제다과정이 다릅니다. 단, 기본 과정이므로 흑차와 보이차 모두 채엽 후 위조 과정 및 최종 건조 과정 앞에 외형을 만드는 과정은 생략했습니다.

차나무

보이차라고 하면 사람의 발길이 닿기 힘든 곳에 우뚝 서있는 큰 차나무가 떠오릅니다. 큰 나무는 신령스러운 느낌을 줍니다. 영화 《Avatar》에 등장하는 에이와^{Eywa}처럼 말입니다. 단군^{檀君}의 후손으로 태어난 우리들에게는 익숙한 감정일지도 모릅니다. 단군의 단^{檀}은 박달나무라는 뜻입니다.

차나무$^{Camellia\ sinensis}$는 하나의 종이지만 약 100만 년 전에 갈라진 것으로 추정되는 두 개의 변종이 있습니다. 온대 지방의 소엽종인 중국종$^{var.\ sinensis}$과 열대지방의 대엽종인 아삼종$^{var.\ assamica}$입니다. 중국종은 나무와 잎의 크기가 작고 추위에 강하며, 아삼종은 나무와 잎의 크기가 크며 인도 북동부와 중국 남서부 등지에서 자생합니다. 네덜란드의 식물학자 코헨 스튜어트$^{Cohen\ Stuart}$는 차나무 변종을 중국소엽종$^{var.\ bohea}$, 중국대엽종(운남대엽종)$^{var.\ macrophylla}$, 미얀마의 산^{Shan}종$^{var.\ buymensis}$, 아삼종 등 4종으로 분류했습니다.

1823년에 인도 아삼에서 자생하는 차나무가 발견되면서 차나무 원산지를 두고 논란이 일었습니다. 중국 일원설과 중국과 인도 이원설이 대립했는데, 중국 곳곳에서 고차수와 차나무 화석 그리고 약 2억5천만 년 전의 찻잎 화석 등이 발견되면서 논란이 종식되었습니다. 겨우 천 년으로는 명함도 못 내밀 정도로 수령이 오래된 차나무가 운남성과 사천성 등의 원시림에서 자라고 있습니다.

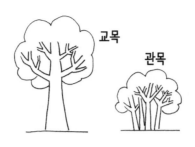

차나무는 형태에 따라 크게 교목^{喬木}형과 관목^{灌木}형으로 나뉩니다. 교목형은 일반적인 나무처럼 주된 줄기가 뚜렷하게 자라는 형태입니다. 관목형은 손가락을 펼치듯이 땅에서부터 여러 갈래의 줄기가 자라며, 인생샷을 남길 수 있는 우리나라 다원에서 많이 볼 수 있습니다. 그러나 단순히 나무의 실루엣만으로는 교목형과 관목형으로 단정 지을 수 없습니다. 다원에서 재배하는 교목형 차나무는 생산량 증가를 위해 가지치기를 하여 관목형처럼 채엽하기 쉬운 형태로 만듭니다. 분간이 힘들 때는 반드시 소유자의 허락을 얻은 후에 땅을 약간 파서 나무 아래쪽을 확인해보면 됩니다.

오래된 차나무

보이차 판매처에서는 차나무의 수령과 생태환경에 대한 정보도 제공합니다. 고수차^{古樹茶}, 생태차^{生態茶}, 대지차^{台地茶}, 대수차^{大樹茶}, 소수차^{小樹茶} 등의 용어가 등장합니다. 정보가 제공된다는 것은 품질에 차이가 있다는 것이고, 그것은 곧 가격에 직결되기 때문입니다. 물론 위 두 가지만으로 차의 품질을 단정 지을 수 없지만, 결코 무시할 수 없는 부분입니다.

차나무는 비교적 느리게 성장하는 식물입니다. 생태환경이 좋고 수령이 높을수록 수용성 펙틴 성분이 풍부하여 맛이 부드럽고 단맛과 함께 느껴지는 약간의 쓴맛은 입안에서 짧게 머무릅니다. 그래서 사람의 나이는 깎아도 보이차는 깎지 않습니다.

고수차^{古樹茶}는 해발고도가 높은 고대^{古代}의 차 생산지에서 자연 그대로 흩어져 자라는 수령이 100년 이상 된 고차수^{古茶樹}의 잎으로 만듭니다. 지표식물이 잘 보존된 좋은 생태환경에서 자라며 유성번식으로 개체수가 늘어납니다. 오래된 차나무는 해충과 질병에 강하기 때문에 살충제로 관리할 필요가 없어 주변 생태계가 잘 유지됩니다. 주요 뿌리를 갖고 있으며 땅 속 깊이 박혀있기 때문에 주변의 영양분을 풍부하게 빨아들입니다. 맛이 좋은 반면에 수확량은 많지 않습니다. 기본적으로 100년이 기준점이 되는 것은 고대의 차 생산지가 적어도 청나라 말기 즉, 100년 전에 조성되었기 때문입니다.

고수차^{古樹茶}, 노수차^{老樹茶}, 교목차^{喬木茶}를 통칭하여 대수차^{大樹茶}라고도 합니다. 상업적인 면에서 대수차보다 고수차라고 표현하는 것이 더 신비하고 역사적인 의미를 주기 때문에 널리 사용되고 있습니다. 그러나 포장지에 천년^{千年}, 백년^{百年}, 고수차를 표기하는 것은 허용하지 않는다고 합니다.

　생태차生態茶는 인공적인 요소나 병충해에 대한 치료 없이 자연 본래의 환경에서 자라는 차나무의 잎으로 만듭니다. 자연 그대로의 환경이지만 지표식물의 상태나 주변 생태계가 대체적으로 고수차보다는 좋지 못한 곳에서 자랍니다. 고대의 차 생산지에 유성번식으로 간헐적으로 심은 나무이며 수령은 100년 이하입니다.

　대지차台地茶는 생산량을 늘리고자 인공적으로 조성한 다원에서 생산된 차입니다. 품종을 유지하기 위해 무성번식으로 조밀하게 식재합니다. 신품종이 많으며 수령은 수년에서 수십 년으로 어립니다. 무성번식은 차나무의 변형은 적지만 저항력이 약하기 때문에 살충제와 비료의 사용이 필요합니다. 대지차를 다원차茶園茶 또는 소수차小樹茶라고도 합니다.

　여기까지 읽고 '내가 알고 있는 것과는 다르다.'고 생각하는 분들도 있을 것입니다. 애석하게도 용어의 정의는 중국 내에서도 지역마다 차이가 있습니다. 야생 고차수는 1000년 이상, 대수차는 500~1000년, 고수차는 300~400년, 생태차는 100~200년, 소수차는 30~60년(1940년대 중반~1970년대 중반), 대지차는 1970년대 중반이후 식재된 차나무로 구분하기도 합니다. '이것도 다른데'라고 생각할 수도 있습니다. 옹정제는 밀지에 무려 천하를 남겼는데, 보이차의 원료가 되는 차나무를 구분하는 것은 종이 두 장으로는 힘들 것 같습니다.

아홉 잔_ 청 도광제의 차

황제의 길

황제는 이 나라를 어디로 이끌어야 할까요?

건륭제는 할아버지(강희제)와 아버지(옹정제)로부터 탄탄한 나라를 물려받았습니다. 그러나 도광제^{道光帝}(1820-1850년 재위)는 자신의 할아버지인 건륭제 말기부터 서서히 기울어지기 시작한 나라의 주인이 되었습니다. 살림살이는 점점 더 어려워졌습니다. 농민들은 곳곳에서 불만을 터트리며 황제의 은혜보다 아편을 더 원하게 되었습니다. 이 땅에 발붙이도록 허락했던 이슬람교도는 반란 세력으로 변해 힘으로 제압해야했고, 배타고 와서 발붙이게 해달라고 아우성인 서양인들은 강도를 높여 가며 청나라에 힘을 과시했습니다.

무척 어려운 시기임에도 도광제는 치세에 힘썼습니다. 선대 황제의 큰 씀씀이로 인해 궁핍해진 황실재정을 자신의 검약을 통해 복구해보려고 노력했습니다. 자연재해를 방지하고 강남의 물류를 강북으로 운송하기 위해 대운하를 수리하는 대규모 사업도 시작했습니다. 그러나 부패한 관리들 때문에 공사는 원활하지 못했고, 통행이 불가능한 지경이 되었습니다. 도광제는 백성들을 중독 시켜 망국의 길로 안내하는 아편을 금지시켰습니다. 그는 강경한 태도를 보였지만 성공하지 못했습니다. 결국 아편금지는 서양세력이 중국에 발을 디디는 길을 터주었습니다.

Red & Black

홍차의 한문 표기는 紅茶, 영문 표기는 Black Tea입니다. 동양은 매혹적인 붉은 수색을 보고 홍차라고 부르며, 서양은 찻잎의 검은색을 따서 블랙티라고 부릅니다. 홍차를 향한 서양인들의 붉은 열망은 동양에 검은 그림자를 드리웠습니다. 그들의 검은 비리는 피바람을 몰고 왔습니다. 결국 도광제는 빅토리아^{Victoria} 여왕과 아편전쟁을 치러야 했습니다.

동양의 차는 16세기 중·후반에 책을 통해 먼저 서양에 알려집니다. 차는 뜨겁게 마시는 것, 누구나 마시는 것, 어디서나 마시는 것이라고 소개됩니다. 차는 17세기 초에 네덜란드의 배를 타고 드디어 서양으로의 항해를 시작합니다. 차는 프랑스, 독일, 영국, 신대륙 등에서 판매되었는데, 처음에는 왕실과 상류층의 전유물로 시작합니다. 그러나 너무 고가였기 때문에 상류층도 마음껏 즐기지 못했습니다.

그중에서 차문화가 가장 성행한 곳이 바로 영국입니다. 영국은 18세기 초부터 차를 중국에서 직접 수입했습니다. 동인도회사가 독점으로 중국의 차를 본국에 공급했습니다. 홍차를 향한 사람들의 열망은 식을 줄 몰랐습니다. 차를 마시는 왕실과 상류층의 문화는 중산층까지 확산되었습니다. 그리고 한 발 더 나아가 뜨거운 홍차는 영국인의 식탁에서 차가운 알코올음료를 밀어내버립니다. 18세기 후반의 영국내 차 소비량은 18세기 초에 비해 무려 200배 이상 증가합니다.

19세기에는 차를 마시지 않는 생활을 상상할 수 없을 정도로 전 계층에 차문화가 확산됩니다. 비록 마시는 차의 품질은 천차만별이었지만 하층민들도 힘겨운 하루를 살아낸 후에 상류층처럼 찻잔에 담긴 따뜻한 차 한 잔을 마셨습니다. 그들은 많이 일하고 조금 더 버는 쪽을 택했습니다. 그리고 따뜻한 홍차 한 잔은 고된 노동과 힘든 삶을 견디게 해주는 하나의 의미이자 위로였습니다. 이제 대영제국은 더 이상 차를 수입에만 의존할 수 없게 되었습니다.

영국은 모직물과 면화를 청나라에 수출하고 홍차와 비단, 도자기 등을 수입했습니다. 그들은 늘어만 가는 무역적자를 해소하기 위해 청나라에 새로운 상품을 수출했습니다. 인도의 뱅골^{Bengal} 지방에서 재배한 아편입니다. 공식 통계로는 영국이 무역적자를 기록했지만, 아편무역을 합산하면 상황이 역전됩니다. 청나라의 아편수입액은 영국에 수출한 물품의 총액과 맞먹는 지경에 이르렀습니다. 당시 상품 대금을 은으로 지불했기 때문에 은의 국외 유출은 곧 자국민의 세금 부담으로 이어집니다. 세금을 내지 못하는 농민들은 어쩔 수 없이 농토를 버리고 달아납니다. 세수가 줄어드는 것은 물론이거니와 그들이 정부 반대세력에 힘을 보탠다는 것도 문제입니다. 그보다 더 큰 문제는 바로 아편의 중독성입니다.

중국은 아편의 위험성을 알고 옹정제 초기부터 아편 금지령을 내립니다. 그러나 아편이 드리우는 검은 그림자는 멈추지 않았습니다. 19세기가 되면 중국의 아편 소비가 폭발적으로 증가합니다. 이제는 아편을 허용하는 문제를 두고 조정 내에서 갈등이 생깁니다. 차라리 국내에서 아편을 재배하여 일반 백성들에게 판매하자는 입장과 아편 중독자에게 유예기간을 주어 끊게 만들되 만약 끊지 못하면 사형시키자는 입장이 대립합니다. 도광제는 후자를 택하고 임칙서^{林則徐}를 광저우^{廣州}에 파견하여 영국과의 아편거래를 금지시킵니다.

합의점을 찾지 못한 두 나라는 결국 1840년에 광동 앞바다에서

전쟁을 치릅니다. 전쟁은 예상외로 싱겁게 끝이 났습니다. 영국과의 교섭을 맡았던 관리는 영국에게 배상금을 지급하고 홍콩을 할양하는 등의 조건으로 협정을 맺었습니다. 그러나 도광제는 이를 인정하지 않습니다. 두 나라는 다시 전쟁을 시작합니다. 청나라 정부가 힘에 부치자 농민들까지 합세했지만 역부족이었습니다. 영국군은 상해를 점령하고 난징南京까지 진격하여 청나라와 난징조약을 맺습니다. 결국 홍콩은 영국에 할양되었고 청나라는 배상금을 지불하고 5개의 항구를 개방해야 했습니다.

Black & Red

달콤한 티푸드와 맛있는 홍차 한 잔은 상상만 해도 즐겁습니다. 굳이 티푸드가 달콤하지 않아도, 굳이 홍차가 아니어도 티타임은 상상 그 자체로 즐겁습니다. 아마도 어릴 적에 만화에서 본 티타임 때문일 것입니다. 홍차와 티푸드가 아니라 티푸드와 홍차인 이유는 홍차의 맛은 몰라도 달콤한 과자의 맛은 알고 있었기 때문입니다.

마주 앉아서 얼굴만 봐도 웃음이 터지던 소녀들의 티타임과 카레이싱 도중에 오후3시가 되었다는 이유로 홍차를 마시던 소년은 저에게 왠지 모를 낭만을 느끼게 했습니다. 어느새 저의 의지와 상관없이 그들보다 어른들에게 감정이입이 되는 나이가 되었지만, 티타임을 즐길 때만큼은 그때와 다르지 않습니다. 만화 속 주인공들은 저에게 차에 대한 호기심을 갖게 만들었고, 나의 티타임을 상상하게 했습니다.

홍차는 채엽, 위조, 유념, 발효^{發酵}, 건조 과정으로 만듭니다. 어린 싹과 잎으로 만들며, 싹이 많이 포함될수록 고급입니다. 홍차 제다과정에서 찻잎의 성분이 변하는 것은 산화효소에 의한 산화가 주된 요인이기 때문에 발효를 산화^{酸化}로 고쳐서 표기하기도 합니다. 간혹 산화발효^{酸化酸酵}라고 표기하는 경우도 있는데, 산화발효는 미생물이 유기물을 불완전 산화하여 그 생성물을 축적하는 것이므로 적절한 표현이 아닙니다. 이 글에서는 발효로 통칭하여 이야기를 이어나가겠습니다.

녹차를 제외하고 백차, 황차, 오룡차(청차), 흑차는 제다과정 중에 산화효소 또는 미생물에 의해 찻잎 속 성분이 변하여 우리에게 이로운 물질이 생성됩니다. 즉, (통칭하여)발효가 일어난다는 뜻입니다. 그런데 왜 홍차만 발효를 단독 과정으로 표기할까요? 홍차는 유념 과정을 거친 후 적당량을 채반에 펼치거나 대나무통에 담아서 발효가 일어나도록 4시간가량을 별도로 진행하기 때문입니다. 원하는 만큼 발효가 되면 건조시켜서 제품을 완성합니다. 제다과정을 마치면 찻잎은 거의 Black으로 변하지만, 뜨거운 물에 우려내면 찻잔에 매혹적인 Red가 펼쳐집니다.

홍차

안휘성 기문홍차

운남성 전홍

복건성 정산소종

홍차가 처음 생산된 곳은 중국입니다. 물론 새로운 역사적 사실이 증명되면 바뀔 수도 있습니다만, 명말·청초에 복건성의 무이산^{武夷山} 성촌향^{星村郷} 동목촌^{棟木村}에서 생산된 정산소종홍차^{正山小種紅茶}가 그 시작입니다. 유럽에 전해지면서 Lapsang Souchong이라고 불립니다. 정산소종은 호불호가 나뉘는 소나무 훈연향을 가지고 있습니다. 정산소종만의 독특한 제다과정 때문에 생기는 향이지만, 취향에 따라 향의 짙고 옅음의 정도를 선택하여 마실 수 있습니다.

정산소종은 채엽, 위조, 유념, 전색^{轉色}, 과홍과^{過紅鍋}, 복유^{復揉}, 건조 과정으로 만듭니다. 전색이 발효과정입니다. 과홍과는 찻잎을 솥에 덖어서 발효를 중지시키는 것이고, 복유는 유념을 한 번 더 하는 것입니다. 마지막으로 소나무를 태운 연기로 오랜 시간 훈연하여 건조시킵니다. 위조를 할 때도 소나무를 태워 실내온도를 높이지만 향이 차에 배는 것은 대부분 건조 과정에서 이루어집니다.

정산소종홍차는 훈연향 그리고 기문공부홍차祁門工夫紅茶는 기문향祁門香으로 유명합니다. 제다과정에 비교적 많은 시간과 노력이 필요하다는 뜻에서 공부工夫홍차라고 불리며, 공부홍차는 주로 생산지역이 차의 이름이 됩니다. 안휘성安徽省 기문현祁門县에서 생산되는 기문홍차가 가진 꿀같이 달콤하고 과일같이 새콤하며 꽃같이 우아한 향을 통칭하여 기문향이라고 합니다. 장미향, 사과향, 난꽃향, 꿀향 등을 느낄 수 있습니다. 광서光绪연간(1874-1908년)에 복건성의 제다기술을 도입하여 생산을 시작했고, 현재는 인도의 다르질링Darjeeling, 스리랑카의 우바Uva와 함께 세계 3대 홍차로 사랑받고 있습니다.

흔히 군고구마향이 난다고 표현하는 홍차가 있습니다. 운남성雲南省에서 운남대엽종으로 생산하는 전홍滇红입니다. 운남홍차를 줄여서 부르는 말이 전홍입니다. 백차의 은빛 털 마냥 아름다운 황금빛 털金毫이 감싸고 있습니다. 그런데 저는 아무리 맡아봐도 군고구마향 보다는 곶감향 같습니다. 맛과 향은 주관적이므로 맞다 틀리다의 문제가 아니라, 얼마나 많은 사람들이 공통적으로 느끼는가에 따라 그 차가 가지고 있는 특징적인 맛과 향으로 표현 될 것입니다. 비유가 되는 것이 무엇이든 전홍은 두터운 단맛과 달콤한 향을 느끼게 해줍니다.

1930년대에 일어난 중일전쟁으로 중국의 동쪽은 다시 피바람에 휩싸이게 됩니다. 차생산은 물론이거니와 사람들의 생활도 암울해

졌습니다. 중국은 1937년 가을에 운남성으로 전문가를 파견하여 홍차 생산을 시도합니다. 소엽종 또는 중엽종으로 만드는 정산소종이나 기문홍차와 달리 전홍은 대엽종으로 만들며, 찻잔에 담으면 금빛 테두리를 만듭니다. 개발을 시작한지 약 2년 만에 황금빛 옷을 입고 세상에 등장한 전홍은 중국 홍차의 빛나는 길을 열었습니다.

열 잔_ 청 광서제의 차

옆으로

광서제^{光緒帝}(1874-1908년 재위)가 황위에 오른 나이는 겨우 4세
입니다. 그는 1871년에 태어나 1874년에 황제가 되었고 1908년에
생을 마감합니다. 짧았던 애신각라 재첨^{愛新覺羅 載湉}의 생, 짧지 않
았던 同天崇運大中至正經文緯武仁孝睿智端儉寬勤景皇帝
동천숭운대중지정경문위무인효예지단검관근경황제의 생이었습니다. 그러나 그의 생은
온전히 자신의 것이 아니었습니다.

광서제의 아버지는 황제가 아닙니다. 아버지는 도광제의 일곱 번
째 아들이었고 어머니는 서태후^{西太后}의 여동생이었습니다. 서태후는
도광제의 뒤를 이은 함풍제^{咸豊帝}의 후궁이 되어 동치제^{同治帝}를 낳

앉습니다. 광서제에게 서태후는 이모이자 숙모, 동치제는 사촌형이 됩니다. 즉, 동치제와 광서제는 같은 항렬입니다. 황위 계승은 한 항렬에서 한 명의 황제가 즉위하는 것이 원칙입니다. 황위가 아래 로 내려가야 하는데 옆으로 간 것입니다. 광서제는 어떻게 황제가 되었을까요?

이 모든 것은 서태후 때문입니다. 서태후는 함풍제의 유일한 아 들인 동치제를 낳았습니다. 천하를 밀지에 남길 필요도 없이 황위 는 무조건 동치제의 것입니다. 그는 6세에 황제가 되었습니다. 황 제의 생모인 서태후가 휘두른 권력은 말할 필요도 없습니다. 그런 데 동치제가 20세에 후사도 없이 급사합니다. 서태후는 권력을 계 속 유지하기 위해 동치제와 동일한 항렬을 황제로 만듭니다. 한 항렬 밑으로 내려가면 자신도 한걸음 뒤로 물러나야하기 때문입니 다. 그래서 자신의 혈통과 가장 가까운 광서제를 양자로 삼아 황 위에 올립니다.

광서제 초기에는 동태후^{東太后}와 함께 수렴청정을 했으나 동태후 가 사망한 후에는 서태후의 세상이 됩니다. 광서제는 황제의 삶으 로는 결코 짧지 않은 34년의 기간 동안 서태후의 손아귀에서 벗어 날 수 없었습니다. 황제라는 지위와는 거리가 먼 암울한 신세였지 만, 그래도 청나라의 근대화를 위해 노력했습니다. 한때는 권력투 쟁에 나섰으나 안타깝게도 성공하지 못했습니다. 오랜 유폐생활을 하던 광서제는 38세로 생을 마감합니다.

마지막

평소 건강했던 광서제가 병으로 사망했다는 소식이 급작스럽게 발표됩니다. 광서제의 사망을 발표한 날은 서태후가 사망한 다음날이었고, 발표된 광서제의 사망일은 서태후의 사망일보다 하루가 빨랐습니다. 2008년에 중국 정부가 공식적으로 광서제의 능을 조사한 결과에 따르면, 광서제의 사망원인은 비상 중독에 의한 독살로 밝혀집니다. 독살의 배후가 누구인지는 명확하지 않습니다. 평생을 서태후에게 휘둘리다가 독살당한 비운의 황제 광서제는 생의 마지막마저도 서태후에게서 벗어날 수 없었습니다.

천하의 명목상 주인도 실질적 주인도 이제 이 세상에 없습니다. 그럼 천하는 누구의 것이 되었을까요? 영화 《마지막 황제》의 주인공이자 비운의 황제로 불리는 실존 인물인 부이溥仪의 것이 되었습니다. 이 역시 서태후의 작품입니다. 서태후는 광서제의 어린 조카인 부이를 황제로 만들어 두었습니다. 부이는 겨우 3살이었습니다. 광서제는 동치제로부터 옆으로 황위를 받았지만, 아래로는 부이에게 비운의 황제를 물려주었습니다. 부이는 공식적인 묘호와 능호를 받지 못했기 때문에, 공식적인 절차에 따라 황제로 생을 마감한 마지막 황제는 광서제입니다.

광서제와 차

'남동정南凍頂 북문산北文山'이라는 말이 있습니다. 대만에서 생산되는 대표적인 오룡차인 동정오룡凍頂烏龍과 문산포종文山包種을 말합니다. 중국 대륙만 해도 아직 한참 남았을 텐데 갑자기 대만입니다. 우리는 지금 광서제의 시간을 함께 하고 있으니 이해바랍니다. 문산은 포종차包種茶가 생산되는 곳 중에서 가장 유명한 지명이고, 포종包種은 차를 포장하는 방법에서 딴 이름입니다. 차 4량兩(150g)을 정사각형 종이에 두 겹으로 싸고 바깥 포장지에 차 이름과 상호 인장을 찍어서 판매했습니다.

대만의 포종차 생산이 시작된 것은 동치연간(1861-1875년)으로 알려져 있지만, 대북시臺北市 문산文山 지구의 포종차 생산은 광서연간에 시작되었습니다. 복건성의 차 상인이 제다 전문가와 함께 대만으로 건너가 생산한 것이 시초입니다. 문산포종은 오룡차 중에서 발효도가 7~15% 정도로 가장 낮고 청향淸香이 강합니다. 대북시를 비롯하여 신북시新北市 일대에서도 많이 생산되고 있습니다.

동정오룡은 남투현南投縣 녹곡향鹿谷鄉의 동정산凍頂山 주변의 다원에서 생산됩니다. 도광연간(1820-1850년)에 녹곡향에 살던 임봉지林鳳池가 무이산에서 차나무 36그루를 대만으로 가져옵니다. 그중 12그루를 임삼현林三顯이 동정산의 기린담麒麟潭 주변에 식재하여 동정오룡을 만들었다고 합니다. 이 차를 마신 황제(동치제 또는 광서제)가 매우 좋아했다고 전해집니다. 동정산은 산세가 험난하고 안개가 많으며 비가 자주 내립니다. 차 생산지 해발고도는 700m 정도로 높은 편은 아니지만, 차의 품질이 좋아 대만의 대표적인 오룡차가 되었습니다. 동정오룡은 대부분 청향淸香으로 생산되며 농향濃香은 생산량이 적습니다.

대북시台北市 목책 지역에서 생산되는 목책철관음木柵鐵觀音은 광서 연간에 장내묘張迺妙 형제가 복건성 안계安溪 지역에서 가져온 차 묘목을 장호산樟湖山 지역에 심은 것이 시초입니다. 이곳의 토양과 기후환경은 안계 지역과 흡사하지만, 목책철관음은 안계철관음과 달리 독특한 탄배향炭焙香을 가지고 있습니다. 무이암차 제다법의 영향을 받았기 때문입니다. 탄배는 목탄으로 건조하는 것을 말합니다.

대만오룡

명나라가 멸망한 후에 일부 유신세력은 대만으로 근거지를 옮기고 청에 대한 투쟁을 계속합니다. 강희제는 대만을 점거하고 있는 세력을 토벌하라는 지시를 내립니다. 대만은 물자가 부족했기 때문에 그들은 바다를 건너와 복건성에서 약탈한 물자로 생활을 이어 갔습니다. 청나라는 바닷가 지역 백성들을 내륙으로 이동시켜 그들의 물자 보급로부터 끊어버립니다. 이때 일부 백성에게 무이산에 터전을 마련해주고 생계를 위해 차를 재배하는 것을 허락했습니다. 대만의 반정부 세력은 오래 버티지 못했고 결국 강희제에 굴복합니다. 이후 광서연간에 일어난 청일전쟁으로 인해 대만은 일본의 식민지에 강제 복속됩니다.

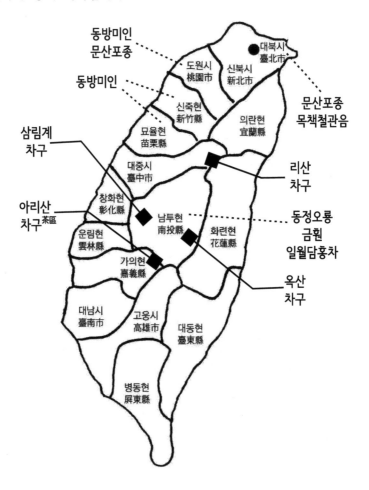

대만의 차 생산은 가경嘉慶연간(1796-1820년)에 시작되었습니다. 1810년에 가조柯朝씨가 무이산에서 차 묘목을 가져와 대만 북부에 식재한 것이 대만차의 시초입니다. 이곳은 차의 생장에 적합한 지역으로 훗날 문산포종文山包種의 명산지가 됩니다.

고산오룡高山烏龍은 해발 800m 이상의 다원에서 생산되는 오룡차를 말합니다. 생산되는 지역의 이름을 따서 아리산오룡阿里山烏龍, 리산오룡梨山烏龍, 옥산오룡玉山烏龍, 매산오룡梅山烏龍, 노산오룡廬山烏龍 등으로 부릅니다. 고산지대에서 생산되는 차는 쓰고 떫은맛이 적고 단맛이 나는 성분이 많아서 사람들에게 사랑받고 있습니다.

대만에는 중국의 황제보다 영국 여왕과 관련된 일화로 더 유명한 차가 있습니다. 동방미인東方美人이라 불리는 백호오룡白毫烏龍입니다. 백차처럼 찻잎에 붙어있는 하얀 털을 볼 수 있기 때문에 백호오룡이라고 하며, 영국 여왕이 차를 마신 후 'Oriental Beauty'라고 하여 동방미인이라 부릅니다. 복수차福壽茶, 팽풍차膨風茶라는 이름으로도 불리고, 차의 맛과 향이 마치 샴페인과 같아서 향빈오룡香檳烏龍이라고도 합니다.

동방미인은 다른 오룡차와는 달리 1아2엽의 어린잎으로 만듭니다. 그리고 반드시 해충에 피해를 입어야 합니다. 서북부 묘율현苗栗縣의 한 차농이 해충에 상해버린 찻잎이 아까워서 버리지 못하고 차를 만들어서 팔았는데, 차에서 느껴지는 특별한 풍미가 인기를 얻었다고 합니다. 해충의 이름은 소록엽선小綠葉蟬입니다. 찻잎의 수

액을 먹고 살며 5~6월 경 차밭에 나타나 활동을 시작합니다. 따라서 초봄에 올라오는 첫 번째 찻잎은 버리거나 다른 차를 만들고, 5~6월에 해충의 피해를 입은 1아2엽으로 동방미인을 만듭니다.

동방미인은 채엽, 위조, 주청, 살청, 회윤^{回潤}, 유념, 건조 과정으로 만듭니다. 회윤은 깨끗한 물에 10~20분간 적셔 둔 천으로 차를 싸서 촉촉하게 만드는 즉, 원활한 유념을 위해 수분을 공급하는 동방미인의 독특한 과정입니다. 수분을 적당히 머금을 찻잎을 유념한 후 다른 오룡차보다 비교적 낮은 온도에서 건조시킵니다. 동방미인은 발효도가 높아서 홍차와 비슷한 맛과 향을 지니고 있으며, 다르질링과 같은 머스캣 향을 느낄 수 있어서 사람들로부터 많은 사랑을 받고 있습니다.

중국 황제의 시간에서 보면 본토에서 건너온 나무, 본토에서 건너온 기술, 본토에서 건너온 사람이 대만의 차를 탄생시켰습니다. 그러나 대만에서 생산된 차는 색다른 맛과 향을 입었습니다. 나무도 기술도 사람도 대만이 가진 특색과 융화되었기 때문입니다. 이 모든 것이 대만차의 빛나는 시작^{光緒}을 열었습니다.

緒는 실타래가 얽히고 설혀 있지만 여기서 자신이 원하는 한 가닥의 실을 뽑아낸다는 뜻입니다. 즉 시작, 계통, 실마리, 찾다 등으로 풀이됩니다. 光緒帝는 나라의 빛나는 후계를 이어주지는 못했지만, 끊임없이 그의 삶 속에서 빛이 되어줄 한 가닥의 실을 찾기 위해 노력했을지도 모릅니다.

잎사귀 하나하나는 거슬러 올라가면 가지가 같고 줄기가 같고 뿌리가 같지만 오롯이 자신의 속도로 자랍니다. 강하게, 빠르게, 크게, 높게 또는 약하게, 천천히, 작게, 낮게 자랍니다. 우리도 어딘가에서 저마다의 속도로 나아가고 있습니다. 잠시 멈추면 어떻습니까. 아무것도 하지 않아도 됩니다. 아주 짧은 순간이라도 쉼을 느낄 수 있으면 됩니다. 그 순간이 행복이라면 더할 나위 없이 좋을 것입니다. 그리고 차 한 잔을 마실 수 있을 정도의 시간과 여유를 가질 수 있다면, 그 또한 좋을 것입니다. 차를 마시는 이유도 의미도 제각각 다르겠지만, 차 한 잔의 시간이 모두에게 쉴 수 있는 힘이 되길 바라며 다회를 마칩니다.